D1731437

Georg Renöckl

Wiener Märkte

Kulinarische Spaziergänge

GEORG RENÖCKL

Wiener Märkte

Kulinarische Spaziergänge

braumüller

Für Moritz, Hanna und Félix,
meine liebsten Begleiter auf Wiens Märkten

Bibliografische Information der Deutschen Nationalbibliothek
Die Deutsche Nationalbibliothek verzeichnet diese Publikation in der Deutschen
Nationalbibliografie – detaillierte bibliografische Daten sind im Internet über
http://dnb.d-nb.de abrufbar.

Printed in Austria

1. Auflage 2017
© 2017 by Braumüller GmbH
Servitengasse 5, A-1090 Wien
www.braumueller.at

Fotos: © Georg Renöckl

Druck: Christian Theiss GmbH, A-9431 St. Stefan im Lavanttal
ISBN 978-3-99100-192-8

„Der Wert der Städte bestimmt sich nach der Zahl der Orte, die in ihnen der Improvisation eingeräumt sind.“

Siegfried Kracauer

Inhalt

Vorwort

Noch nie war es so einfach wie heute, sich mit hochwertigen Lebensmitteln zu versorgen, vom Gemüsekistl-Lieferservice über den Bioladen bis zur Lebensmittel-Kooperative. Doch nichts davon reicht an das Erlebnis für alle Sinne heran, das ein Marktbummel bietet: das Gespräch mit Verkäufern und Produzenten, die Gerüche, das Wirrwarr, die Auswahl, die Stimmung ... und nicht zuletzt: das Unvorhersehbare. Ich könnte wahrscheinlich gar nicht kochen, ginge ich nicht jede Woche auf den Markt – man lernt zu improvisieren, wenn man mit einem Stück Ziegenrücken, einem Buschen Grünkohl, einer ganzen Schleie oder einem Rucksack voll Tarocco-Orangen nach Hause kommt, die Tipps vom Standler oder der Standlerin noch halb im Ohr und schon wieder halb vergessen, und sich bereits auf dem Weg zu überlegen beginnt, was sich denn nun mit all den Herrlichkeiten so anstellen ließe. Von Einkaufslisten und festgelegten Menüplänen für die ganze Woche halte ich wenig: Dass der Bauer gerade ein junges Wildschwein geschossen hat, der Mangold heute so verlockend bunt ist, der Käsehändler eine neue Sorte mithat – das alles kann man im Vorhinein nicht wissen, und ein bisschen Herausforderung macht das Kochen erst interessant.

Der Einkauf auf dem Markt ist mir während der Jahre, die ich in Frankreich verbracht habe, zum Ritual geworden: „Faire son marché", seinen Markteinkauf zu machen, das gehört dort zur ganz normalen Einkaufsroutine oder zumindest zum guten Ton. In Paris sorgt die Stadtverwaltung dafür, dass in jedem Bezirk der Hauptstadt zwei- bis dreimal pro Woche an verschiedenen Standorten Straßenmärkte abgehalten werden, deren Stände die zuständige Magistratsabteilung bereits am Vorabend aufbaut. Sie sind aus dem ganz normalen Straßenbild und dem Pariser Alltag nicht wegzudenken.

Die Wiener Märkte mögen im Vergleich zu Paris, Barcelona oder Amsterdam kleiner und weniger zahlreich sein – eine faszinierende Vielfalt und hervorragende Lebensmittel bieten sie doch. Ich habe im Herbst 2016 versucht, möglichst allen Lebensmittelmärkten der Stadt einen Besuch abzustatten, sofern sie mindestens monatlich stattfinden. Christkindl- und Fasten-, Antiquitäten- oder Flohmärkte zählen also nicht zu den hier beschriebenen. Fünfzig Märkte sind es auf diese Weise geworden. Wahrscheinlich gibt es noch ein paar mehr – bei privaten Veranstaltern ist es nicht immer leicht, an die Information zu kommen. Beim Plaudern mit Marktfahrern und Produzenten konnte ich unkonventionelle, kreative, engagierte Menschen kennenlernen. Oft habe ich mich bei der Rückkehr von meinen Ausflügen wie ein erfolgreicher Schatzsucher gefühlt, der etwas Wertvolles mit nach Hause bringt: natürlich Lebensmittel, die ich dabei gekauft habe, vor allem aber auch Geschichten, Begeisterung und Inspiration.

So viele interessante Menschen ich getroffen habe, so viele andere habe ich wahrscheinlich verpasst. Schade, doch eine komplette Auflistung aller Wiener Marktstände hätte dieses Buch auf viele hundert Seiten anschwellen lassen. Meine Besuche sind daher auch als Anregung für Ihre eigenen Entdeckungen gedacht: Wenn Sie einen der hier beschriebenen Märkte besuchen, werden Sie wahrscheinlich mit ganz anderen Eindrücken nach Hause kommen. Genießen Sie es!

Eine kulinarische Zeitreise

„Es ist kaum zu glauben, wie viel Lebensmittel Tag für Tag nach Wien gebracht werden", staunte der an der Universität Wien lehrende italienische Humanist Enea Silvio Piccolomini, der spätere Papst Pius II, im Jahr 1438. „Viele Wagen mit Krebsen und Eiern langen ein. Mehl, Brot, Fleisch, Fische, Geflügel werden in gewaltigen Mengen zugeführt; und doch, sobald der Abend anbricht, bekommt man von diesen Sachen nichts mehr zu kaufen."

Wie muss es damals auf Wiens Märkten zugegangen sein! Epizentrum des Geschehens war jahrhundertelang der Hohe Markt: „Auf dem Hohenmarckt kann man verschiedene Sorten Fisch, Hausen und Schildkrotten überkommen, so pflegen dann auch allda die Burgerliche Häringer, Gänß, Ändten, Spanferckl, Stockfisch und Häring zu verkauffen; man findet gleichfalls auf benannten Marckt unterschiedliches Geflügelwerck, sambt Käß, Butter, Schmaltz, Haar und gedörrte Zwespen", schrieb der barocke Prediger Johann Valentin Neiner in seinem Werk „Vienna curiosa et gratiosa" im Jahr 1720. Ein weiterer wichtiger Marktplatz befand sich dort, wo später die Peterskirche erbaut wurde: „Auf dem Peters Freythof. Daselbsten werden verkaufft Eyer, Butter, Hönig, Vögel, schwartz- und rothes Wildpret, geselchtes Fleisch sambt unterschiedlichen Geflügelwerk, grüne und düre zur Artzney dienliche Kräuter, Schwammen, Schnecken, Salsen, an diesem Ort haben auch ihren Stand die Krautschneider, deren man sich zur Herbstzeit bedienen kann." Der Markt wurde sukzessive verkleinert, nach dem Ersten Weltkrieg verschwanden schließlich auch die „Schneckenweiber" vom Markt und aus der Stadt. Auch der Platz Am Hof, der Lobkowitzplatz, wo Schweine verkauft wurden, der Stock-im-Eisen-Platz und ein „Ochsengries" genannter Viehmarkt in der

Gegend des heutigen Heumarkts zählten zu den bedeutenden Marktplätzen der Stadt, wie der Historiker Werner T. Bauer in seinem lesenswerten Buch „Die Wiener Märkte" (Falter Verlag) 1996 schreibt. Nicht nur der Fleischmarkt, das ganze Viertel rund um Lugeck und Lichtensteig quoll einmal über vor Fleischhauerständen. Auf der Brandstätte wurden Wildbret, Ferkel, Fische und Geflügel feilgeboten. Den Graben nannte man um das Jahr 1300 Milchgraben, später Fleischgraben, danach Mehlzeile, Aiermarkt und Grüner Markt, bis der Marktbetrieb in der Mitte des 19. Jahrhunderts eingestellt wurde. Am Donaukanal landeten mit Obst und Gemüse beladene Zillen aus der Wachau, es gab eigene Anlegeplätze für Erdäpfel-, Kraut- oder Rübenschiffe und selbstverständlich einen eigenen Fischmarkt am Wasser, der nach vielen Standortwechseln erst 1972 verschwand.

In der heutigen Habsburgergasse befand sich ein Vogelmarkt, auf dem es auch lebende Eichhörnchen, Kaninchen, Meerschweinchen, Frösche und Igel zu kaufen gab – Letztere waren beliebte Vernichter von Ungeziefer aller Art.

Auf dem Ochsenmarkt, der zuerst beim Beethovenplatz, ab dem 18. Jahrhundert dann im Bezirk Landstraße abgehalten wurde, stellten junge Burschen Mut und Kraft unter Beweis, es kam immer wieder zu Szenen, wie man sie heute eher mit der Corrida in Pamplona verbindet.

Oft wünscht man sich beim Lesen der Beschreibungen verschwundener Wiener Märkte eine Zeitmaschine, doch auch so entsteht ein buntes, oft wüstes Bild des Altwiener Marktlebens vor dem inneren Auge, während es wahrscheinlich von Vorteil ist, dass man im Regelfall über keine innere Nase verfügt.

Ein Versuch, dem manchmal allzu turbulenten Treiben einen gesitteteren Rahmen zu verpassen, war die Errichtung von Markthallen in der zweiten Hälfte des 19. Jahrhunderts. Im Vergleich zu anderen europäischen Metropolen war Wien damit spät dran, den zögerlichen Versuchen war noch dazu mäßiger Erfolg beschieden: Eine Glas-Gusseisen-Halle nach Pariser Vorbild in der Zedlitzgasse bewährte sich im Wiener Klima nicht, da es sommers zu heiß und winters zu zugig darin war. In der in Ziegelbauweise errichteten Landstraßer Markthalle testete man hingegen ein Vertriebssystem, bei dem die Bauern ihre Produkte per Bahn zum kommissionellen Verkauf einschickten – schlechte Zugverbindungen ließen die Ware meist verdorben ankommen, der Markt floppte. Besser funktionierte die moderne zweigeschossige Fleischmarkthalle aus dem Jahr 1899, die mit elektrischen Aufzügen ausgestattet war. Die dritte Landstraßer Halle, die Viktualienhalle, war dem Grünwaren-Großhandel gewidmet, gemeinsam bildeten sie die Wiener „Zentral-Marktanlage für Groß- und Klein-handel". Es gab zwar Pläne für die Errichtung zahlreicher ähnlicher Gebäude, doch die Umsetzung ging nur schleppend voran. Nach dem Ersten Weltkrieg hatte man dann ohnehin andere Sorgen. Den vorhandenen, durchaus prachtvollen Hallen erging es in der zweiten Hälfte des 20. Jahrhunderts schlecht: 1950 wurde die Markthalle Stadiongasse zum Forum-Kino, das gut zwanzig Jahre später Harry Glücks Glaspalast weichen musste. 1954 wurde die Markthalle in der Burggasse demoliert, 1957 die ursprünglich als Reitstall errichtete Ester-hazy-Halle in Mariahilf. 1972 waren dann die Landstraßer Hallen an der Reihe, 1982 der Jugendstilbau des Blumengroß-marktes in der Phorusgasse. Eine letzte Halle steht noch: der Nussdorfer Markt – heute eine Supermarktfiliale …

Das Verschwinden der Markthallen aus dem Stadtbild ging mit einem Dahinsiechen der offenen Märkte im Verlauf des 20. Jahrhunderts einher, das sich bald zum immer rasanteren Marktsterben auswuchs. Die Märkte, so schien es, waren mit dem modernen Arbeits- und Freizeitleben nicht vereinbar, das Interesse der Stadtverwaltung an ihrer Erhaltung gering. Doch während mit dem Markt auf dem Dornerplatz, dem Donaustädter Genochmarkt und dem Simmeringer Markt noch zur Jahrtausendwende einige traditionelle Märkte verschwanden, hatte bereits ein Umdenken eingesetzt: Die Entflechtung der Lebensbereiche Arbeiten, Wohnen und Freizeit, die „autogerechte Stadt" und ähnliche vermeintlich moderne Konzepte mehr hatten sich schließlich doch als Trugschluss herausgestellt – das Bedürfnis nach einem Einkaufserlebnis, wie es Supermärkte eben nicht bieten können, das neu erwachte Interesse an gesunder Ernährung sowie an Lebensmitteln, die keine Tausenden Kilometer und den entsprechenden CO_2-Abdruck auf dem Buckel haben, sorgten für eine Trendwende. Heute blühen Wiens Märkte und werten ganz nebenbei auch ihre Umgebung auf. Auf den belebenden Effekt, den ein Markt für ganze Stadtviertel haben kann, setzen mittlerweile auch Bezirkspolitiker und die Gebietsbetreuungen der Stadt Wien: Auf alten, längst vergessenen Marktplätzen wie dem Margaretenplatz, der Langen Gasse oder dem Servitenplatz finden nun wieder regelmäßig Wochenmärkte statt.

Diese Märkte sind nichts Statisches. Die gerade verfügbare Ware ändert sich im Lauf des Jahres ständig, zwei Besuche auf ein und demselben Markt können entsprechend unterschiedlich ausfallen. Neue Standler kommen dazu, andere ziehen weg oder versuchen ihr Glück auf einem anderen Markt. Vielleicht stößt ein Wochenmarkt auf zu geringes Interesse und wird wieder aufgegeben oder eine Grätzel-Initiative schafft es, einen neuen Markt ins Leben zu rufen oder einem vorhandenen Markt, der mit Problemen kämpft, frischen Schwung zu geben. Die Wiener Märkte bilden heute eine überaus lebendige, nicht immer leicht zu fassende Szene. Etwas Besseres kann man ihnen gar nicht wünschen.

1. Innere Stadt

Wiens erster Bauch
Der Bio-Markt auf der Freyung

Eine gewachsene Stadt hat ihren Bauch am rechten Fleck: mittendrin. Das verraten schon die alten Straßennamen, die in Wien wie in den meisten historischen Innenstädten oft auf -markt enden, vom Bauern- bis zum Wildpretmarkt. Außer den Namen ist davon so gut wie nichts geblieben, die ehemaligen Marktplätze Wiens wurden wie der Neue Markt zu Parkplätzen oder wie der Kohlmarkt zu Luxusshoppingmeilen. Nur ein einziger Altwiener Marktplatz hat seine Funktion behalten: die Freyung. Im Spätmittelalter wurden dort Pferdemärkte abgehalten, im Lauf des 18. Jahrhunderts entfaltete sich vor dem Schottenstift ein beliebter Lebensmittelmarkt mit Anbietern aus dem Umland von Wien, aus Ungarn, der Slowakei, Böhmen und Mähren. Das geschäftige Treiben vor ihrer Haustür war jedoch den Mönchen des Schottenstifts

und den Bewohnern des Viertels ein Dorn im Auge oder vielmehr im Ohr: Der Markt, der sich über Freyung, Am Hof und Judenplatz erstreckte, begann um ein Uhr nachts und schloss um sechs Uhr morgens. Das allnächtliche Pferdewagen-Verkehrschaos muss ein unglaubliches Getöse verursacht haben.

Honigstand beim Austria-Brunnen

Gegen Ende des Jahrhunderts musste der Markt schließlich auf einen vormaligen Müll- und Aschenplatz auf der Wieden übersiedeln – der Naschmarkt, der gelegentlich in Anlehnung an die Pariser Hallen „Bauch von Wien" genannt wird, entwickelte sich später aus dem von der Freyung vertriebenen Markt. Kurze Zeit hatten die Mönche ihre Ruhe, doch im Lauf des 19. Jahrhunderts kehrte das hartnäckige Marktleben auf seinen angestammten Platz zurück.

Nach wechselvollen Jahrzehnten ist die Freyung heute als letzter Innenstadtmarkt noch immer oder endlich wieder in Betrieb: Sie ist der Schauplatz eines kleinen temporären Marktes von Dienstag bis Donnerstag, freitags und samstags ist Bio-Markt. Zwischen Schottenstift und Austria-Brunnen, umgeben von Innenstadt-Palais, kauft man hier vor einer einzigartigen Kulisse ein – was die Stadtbewohner jedoch kaum zu schätzen wissen: „Zu siebzig Prozent sind meine Kunden Touristen", erzählt Honighändler Siegfried vom „Welthonig"-Stand, der Markt-Dependance eines Bio-Honigladens – „des ersten und besten der Stadt" – am Hohen Markt. Die Wiener, so der blendend gelaunte Honigfachmann, schauen eben vor allem auf den Preis und kaufen ihren Honig im Supermarkt, wenn das Kilo dort um einen Euro billiger ist. Sie lassen sich dadurch einiges entgehen: etwa die einzige Quelle der Stadt für originalen „Christkindl"-Honig aus Fürst Liechtenstein'scher Imkerei, vor allem aber unzählige, teils ungewöhnliche Honigsorten, die von biologisch arbeitenden Imkern aus Wien, der Steiermark und Niederösterreich hergestellt werden. Kirschenblüte, Hanf oder Lavendel gibt es da neben den „üblichen Verdächtigen" wie Lindenblüten-, Akazien- oder Tannenhonig, aber auch ein paar – fair gehandelte – Exoten wie Palmen-, Orangen- oder Zitronenblütenhonig. Mit Ausnahme der wenigen Produkte aus Übersee kauft Siegfried stets bei Imkern, die er persönlich kennt und

„Seebäuerin" Gunda Dutzler

regelmäßig besucht, auch wenn er dafür ein Stück weit fahren muss, wie etwa für den „Aceto di Miele italiano biologico", den Bio-Honigessig eines piemontesischen Imkers, dessen Familie ihr Wissen bereits in der siebten Generation weitergibt.

Exotisches gibt es auch wenige Stände weiter: Steaks von der Seekuh nämlich. Wobei dafür keine gefährdeten Meeresbewohner geschlachtet werden, sondern „normale" Rinder – oder doch auch wieder nicht, wie im Gespräch mit „Seebäuerin" Gunda Dutzler rasch klar wird. Sie ist eigentlich Zoologin und forschte an der Universität. „Ich hätte mir nie gedacht, dass ich wieder dort lande", erzählt sie über den elterlichen Hof inklusive Gastwirtschaft am idyllischen Gleinkersee in Oberösterreich. Den eines Tages angedachten Verkauf des Hofes, auf dem sie aufgewachsen ist, konnte sie sich jedoch noch weniger vorstellen und so führt nun sie die Landwirtschaft mit vierzehn Schweinen und vierundzwanzig Rindern weiter – allerdings so, wie sich eine Zoologin einen idealen Bauernhof vorstellt, und dazu gehören Freilandhaltung und

Hausschlachtung. Freitags und samstags steht Gunda Dutzler nun immer mit „ihrem" Fleischer Heinz auf der Freyung, verkauft neben dem Fleisch der spaßeshalber „Seekühe" genannten Rinder auch gut gewürzte Banater Wurst, Speck vom „Gleinkersau" getauften Wollschwein, der kräftig – „Da glaubst du, du schleckst die Wand von der Selchkammer ab!" – oder zart geräuchert ist, Schinken, Leber- und Blutwurst … und wirkt ansteckend begeistert von ihren Produkten und dem vor Kurzem noch undenkbaren Leben als Neo-Landwirtin.

Das Gefühl, Waren einzukaufen, deren Produzenten sich sehr genau überlegt haben, was sie tun, verlässt einen während des ganzen Marktbummels auf der Freyung nicht: So hat etwa die Wiener Schinkenmanufaktur Thum hier einen Stand. Der Margaretner Fleischermeister gilt als Institution, wovon auch die endlose Schlange zeugt, die sich stets am Osterwochenende vor seinem kleinen, nur vormittags geöffneten Geschäft in der Margaretenstraße bildet: Die Thums sind die einzigen Fleischer Wiens, die sich auf die traditionelle „Adernpökelung" verstehen, bei der die Pökel-Flüssigkeit nicht ins Fleisch gespritzt, sondern über die Adern im Schinken verteilt wird. Neben traditionellem Wiener Beinschinken gibt es bei Thum auch immer wieder Spanferkelschinken, italienische Salami mit oder ohne Fenchel oder auch Rohschinken vom schwarzfelligen Gascogne-Schwein, das mittlerweile auch in der Buckligen Welt gezüchtet wird – in Freilandhaltung, versteht sich.

Ich bummle noch am Bio-Fisch aus Hernals vorbei, an der schönen Käseauswahl vom Kaszeit-Stand, dem Obst und Gemüse des Waldviertler Bio-Bauernhofs der Familie Haber, deren Mohnkuchen ich uneingeschränkt empfehlen kann, bestaune die Gemüseauswahl des burgenländischen Biohofs Priber, wo man Mairüben oder Grünkohl aus heimischem Anbau findet.

Pielachtaler Garküche

Eine Besonderheit ist der Wein von Johannes Zillinger, der das seit dreißig Jahren biologisch bewirtschaftete Weingut der Familie nicht nur biodynamisch betreibt, sondern noch allerhand andere „wahnsinnige Ideen" verfolgt, wie er es selbst nennt: Er lässt einen Teil seiner Weine in Amphoren reifen, pflanzt zwischen die Reben Kräuter als Lebensraum für Nützlinge und räumt mit seinen Weinen, deren Entwicklung im Keller er einen so freien Lauf wie möglich lassen möchte, Ranking um Ranking ab.

Auch Streetfood gibt es auf der Freyung, es kommt aus dem Pielachtal: Seit vierundzwanzig Jahren fährt Landwirt Johann Schweiger freitags und samstags auf den kleinen Traditionsmarkt in der Innenstadt. Für den Verkauf von Fleisch oder Gemüse ist seine Produktion zu klein, erzählt er, darum verkocht er einfach alles: Kürbisgröstl gibt es heute, aber auch Blutwurst, Käsekrainer oder Lammwürstel sowie Dirndl-Bratwürste, wie es sich für einen Pielachtaler Betrieb eben gehört, und hofeigenen Most. Und dann steht da auf einer schwarzen Tafel: „Rehleber". Kaum habe ich das Wort laut gelesen, ist schon ein Gaskocher aufgestellt, eine klein geschnittene Zwiebel brutzelt wenige Augenblicke später vor meinen Augen in der Pfanne, dann kommt die – bereits vorgeschnittene – Leber dazu, ein Schuss Birnenmost zum Ablöschen, kurz mit Mehl gestaubt, Salz und Pfeffer darüber – fertig. Dazu ein bisschen Kürbisgröstl und ein gespritzter Birnenmost – ein unverhoffter Festschmaus, wie er zum imperialen Ambiente dieses nicht nur alten, sondern tatsächlich würdigen Wiener Innenstadtmarktes passt.

Freyung, 1010 Wien: Temporärer Markt
(Mai bis November) von Dienstag bis Donnerstag 10–18 Uhr

Bio-Markt (ganzjährig): Freitag und Samstag 9–18 Uhr
www.biobauernmarkt-freyung.at

Zum Vertiefen
Welthonig: http://honey.wien
Seebauer: www.gleinkersee.at
Zillinger Wein: www.velue.at
Biohof Piber: http://members.aon.at/biohof.priber/

Verweile doch, du bist so schön!
Wien hat doch noch eine Markthalle bekommen, aber nur kurz: die Markterei

Wiens zwar wenige, aber durchaus ansehnliche Markthallen haben die oft blindwütige Modernisierung der 1960er- und 1970er-Jahre nicht überstanden. Traurig, wie man immer wieder auf Urlauben in weniger brachial erneuerten Großstädten bemerkt, aber unumkehrbar. Und dann eröffnet tatsächlich ein Wochenmarkt in einer der schönsten Hallen der Stadt, und das mitten im ersten Bezirk: Die Markterei, ein 2014 als Nachbarschaftsmarkt mit wechselnden Standorten ins Leben gerufenes Projekt, zog im Herbst 2015 in die elegante, von gusseisernen Säulen gestützte Schalterhalle des ehemaligen Hauptpostamts. Leider hat die Freude darüber ein Ablaufdatum: Demnächst soll der Komplex zum Luxushotel mit entsprechender Gastronomie umgebaut werden, die seit zwei Jahren darin untergebrachte Markterei ist nur eine Zwischen-

Marktereihalle

nutzung. Nun, immerhin! Es wäre ein Fehler, sich die Freude an diesem Markt in spektakulär schönem Ambiente wegen des unerbittlich näher rückenden Schließdatums verderben zu lassen. Sogar Schnäppchenjäger kommen auf dem exquisiten Markt auf ihre Rechnung: Schauen ist schließlich gratis, und ohne die eine oder andere Kostprobe wird man die alte Schalterhalle kaum verlassen.

Dabei wollen gar nicht alle eine haben, wie Christoph Thomann weiß, der am Tag meines Markterei-Besuchs unerschütterlich im Zentrum des Geschehens steht und mit einer Holzzange Kostproben verteilt. Es handelt sich um in Vorarlberg hergestellte Spezialitäten, allerdings um ziemlich unkonventionelle: Für den menschlichen Verzehr gezüchtete Insekten wie Heimchen, Wanderheuschrecken, Buffalo- oder Mehlwürmer, getrocknet und gesalzen, oder wie Studentenfutter mit Nüssen gemischt, um zum Aperitif gereicht zu werden. Es braucht zugegeben ein wenig Überwindung, doch die Wanderheuschrecke, die ich erwischt habe, ist knusprig, leicht salzig, als Knabberei gar nicht so schlecht. Für den studierten Gesundheitsmanager Christoph Thomann ist sie viel mehr: die Zukunft der Ernährung nämlich, da es ökologisch und auch ernährungsphysiologisch wesentlich sinnvoller sei, Insekten zu züchten statt etwa Rinder. Während er mir vom vielfach höheren Wasserverbrauch erzählt, den die Herstellung eines Kilos Rindfleisch im Vergleich zu Insekten verursacht, bietet Christoph einer vorbeibummelnden Dame mit seiner Holzzange eine weitere Heuschrecke an – doch die Frau ergreift sofort die Flucht. Wir müssen unser Gespräch auf später verschieben: „Mir ist es wichtig, dass die Leute nicht mit einem negativen Eindruck weggehen", erklärt mir der Insekten-Experte aus Leidenschaft noch schnell, ehe er der Leider-doch-nicht-Kundin hinterhereilt. Es dürfte noch ein wenig dauern, bis diese Zukunft der Ernährung Realität wird – immerhin habe

ich ein Säckchen Insekten-Studentenfutter erstanden, wenn auch eher als Mutprobe für die Kinder.

Genauso zukunftsweisend und noch dazu mit weniger Überzeugungsarbeit umsetzbar ist die Idee der „Jamsession", wie die Grazer Architektin Andrea Possanner ihr zweites berufliches Standbein nennt. Ursprünglich war es nur ein Hobby: Pilze, Beeren und was man sonst so am Wegrand findet, hat sie schon immer gerne mitgenommen. Vor vier Jahren stand sie dann eines Tages vor einem solchen Berg von Eierschwammerln, dass sie nicht mehr wusste, wohin damit. Die Idee, die Pilze sauer einzulegen und im Freundeskreis zu verteilen, rettete die Beute vor dem Biomüll – und zeigte der sammelnden Architektin einen Weg auf, mehr aus dem Hobby zu machen. Inzwischen bringen ihr längst nicht nur Freunde und Bekannte die überschüssige Ernte aus dem Obstgarten vorbei, auch bei den Bauern aus der Region hat sich herumgesprochen, wie sie Obst, das aus optischen Gründen nicht verkauft werden kann oder einfach gerade in zu großer Fülle vorhanden ist, verwerten können: Andrea Possanner macht daraus Birne-Chili-Aufstrich, Holler-Zitronen-Gelee, Marille-Lavendel-Aufstrich oder ganz einfach Kriecherl- oder Himbeermarmelade. „Die verwendeten Zutaten sind Findlinge, Waisen, Diven, Weggefährten, Schätze, Naturschönhei-

ten von der Stange, in Vergessenheit Geratene oder gut Ge-
zogene", formuliert die Fifty-fifty-Architektin, die an beiden
Standbeinen gleichermaßen ihre Freude hat.

So viele weitere Stände gibt es in der Haupt- und der kleineren Nebenhalle zu besichtigen, so viele andere Spezialitäten
zu verkosten: Pinzgauer Rind aus dem Nationalpark Hohe
Tauern, Wiener Klassiker wie Thum-Schinken, Trzesniewski-
Brötchen und Gugumuck-Weinbergschnecken, Holzofen-Brot
der Biobäckerei Gragger, „Omas Mehlspeisen", fair gehandel-
ten Single-Origin-Kakao des jungen Wiener Unternehmens
Caucawa, kroatische Feinkost, Scharf-Würziges bei der „Pfef-
ferei", die sich der Vielfalt des nicht einfach „nur" scharfen
Pfeffers verschrieben hat, oder beim „Ingwerer"-Stand: Der
kräftige, in Hernals produzierte Ingwerlikör bietet sich gerade
in der kälter werdenden Jahreszeit auch als Basis für den etwas
feineren Glühwein an.

Spannend ist auch Sanfish, ein Marktstand, bei dem sich
alles um Fisch und Meeresfrüchte dreht – unkompliziert,
zeitgemäß und gut soll es halt sein, gesund ist es ohnehin.
Heute auf dem Menü: „Louisiana Lobster Rolls" – knusprige
Sandwiches, deren Hauptzutat allerdings nicht etwa Hum-
mer, sondern Süßwasserkrebse sind, die man im südlichen
US-Bundesstaat eben „Lobster" nennt.

Irgendwie auch exotisch sind die oberösterreichischen Pesto-
Varianten, Würstel und Marmeladen von „Franz Josephs" aus
dem Salzkammergut. „Bis auf Wein gibt es nichts, was es in
Oberösterreich nicht gibt", erklärt der Standler, der gar nicht
Franz Joseph heißt, sondern Markus Lukas. Er kommt eigentlich aus dem Catering, hat sich dabei mit regionalen Produzenten auseinandergesetzt und eine Vielfalt für sich entdeckt,
die er nun über die obderennsischen Landesgrenzen hinaus
bekannt machen möchte – ein gutes Projekt, Oberösterreich
ist auf der kulinarischen Landkarte Wiens tatsächlich eher

selten zu finden. Ähnlich der Eindruck beim Hinausgehen: Beim Stand von „Mandarinet" gibt es süße Mandarinen, die zur Abwechslung einmal aus Süddalmatien kommen. Auch da fragt man sich unwillkürlich: Warum findet man in Wien nicht noch viel mehr Lebensmittel von dort?

Die gute Nachricht zum Schluss: Der Standort wird wohl verloren gehen, doch die Markterei hat Erfahrung beim Übersiedeln. Spätestens im Herbst 2017 werden wir mehr wissen.

Markterei

Markterei: Markthalle Alte Post,
Dominikanerbastei 11, 1010 Wien
Freitag 12–20 Uhr
Samstag 10–18 Uhr

Zum Vertiefen

www.markterei.at
www.insektenessen.at
www.jamsession.co.at
www.sanfish.at
www.franzjosephs.at
www.ingwerer.at
www.caucawa.at
www.mandarinet-eng.blogspot.com

2. Leopoldstadt

Alt, aber (wieder) gut
Der Karmelitermarkt ist einer von Wiens ältesten
und – samstags – besten Märkten

Katharina oder Mangalitza? Ein wenig makaber klingt die Auswahl fein passierter Leberpasteten beim Stand von Fleischhauer Tschürtz schon. Der Vorname ist nur eine Hommage an die Großmutter des Fleischermeisters und ihre alten Rezepte, erklärt mir der Juniorchef. Ich nehme dennoch lieber Mangalitza, Tschürtz-Junior lacht. Trotz der langen Schlange vor seinem Stand verliert er beim Aufschneiden des luftgetrockneten Rohschinkens, für den der Burgenländer Familienbetrieb berühmt ist, nicht die Ruhe. Es ist Samstag, und da herrscht am sonst eher ruhigen Karmeliterplatz Volks-fest-Stimmung. Der heute als Bobo-Hochburg geltende, 1671 als „Markt im Werd" bereits erwähnte Markt ist nicht nur einer der ältesten der Stadt, sondern auch – an Samstagen,

wenn Bauernmarkt ist – unbestreitbar einer der bes-ten. Das war nicht immer so: „Die Tristesse regiert", fasst Werner T. Bauer im Jahr 1996 seinen Eindruck vom Karmelitermarkt zu-sammen. Der Historiker besuchte den Markt noch vor dem Boom der Leo-poldstadt, die nach der Vertreibung ihrer jüdischen

Fleischhauer Tschürtz

Bevölkerung jahrzehnte-
lang zu den grauesten Be-
zirken Wiens zählte. Heute
eröffnet hier wieder ein
Lokal nach dem anderen,
doch der für den Besucher
in den 1990er-Jahren allzu
ruhige Eindruck, den der
Karmelitermarkt während
der Woche macht, bleibt
nachvollziehbar. Lohnend
ist ein Bummel durch die fixen Stände dennoch, wenn man
gerade in der Nähe ist: Bei Geflügel Schneider kann man
junge Kaninchen, Wild, Weidegänse oder Freilandhühner
kaufen, Feinkostläden wie Kaas am Markt oder Höttinger
garantieren eine ausgezeichnete Grundversorgung, Gastronomie von Tewa bis Zimmer 37, von cafemima bis Kaffeestation
Wohnzimmeratmosphäre. Schön ist das, aber kein Vergleich
mit der Stimmung, die an Samstagen herrscht – der Bauernmarkt lohnt auch einen weiteren Anfahrtsweg. Die Mischung
ist einfach genau richtig: Mittendrin liegt ein Slowfood-
„Eck", rundherum verkaufen aber auch ganz normale Bauern aus dem Wiener Umland, bei denen die Sau noch selbst
gestochen und verarbeitet wird. Wiener Gärtnereien bieten
Gemüse und Obst an, und dann gibt es hier noch die Dinge,
die man woanders eben nicht so leicht bekommt: Etwa den
Prosciutto crudo di Loipersbach von Tschürtz, einen nicht
wie hierzulande üblich geräucherten, sondern wie in Süd-
europa luftgetrockneten Rohschinken.

Gutshof Paul: Elisabeth und Martin Bossanyi

Ums Ei dreht sich alles schräg gegenüber, beim Stand des Guts-
hofs Paul: Elisabeth und Martin Bossanyi haben vor einigen
Jahren Elisabeths großelterlichen Bauernhof übernommen und
zunächst probeweise Freilandhühner gehalten. Heute haben sie
2.500 Stück davon, die in mobilen Gehegen auf den Weiden des
Hofes leben und mit selbst angebautem Getreide gefüttert werden. Die Bossanyis verkaufen aber nicht nur Freiland-Eier, die
auch von der gehobenen Gastronomie geschätzt werden, sondern auch fertige Gerichte wie Hühnersuppe, Weide-Ei-Penne
mit Hühnerfleisch oder „das Schüsserl", eine im hübschen
Rexglas angerichtete Neuinterpretation des Gabelbissens: herrlich knackiger französischer Salat, ein gerollter Hering, dazu ein
gekochtes Gutshof-Ei – eine gute Gelegenheit für Menschen,
die die meist viel zu mayonnaiselastigen Fettbomben sonst ver-
schmähen, es noch einmal mit diesem – eindeutig zu Unrecht –
in Verruf geratenen Wiener Klassiker zu versuchen.

Auch der Uhudler-Sturm ein paar Schritte weiter wäre eine
Überlegung, ist mir aber dann zu kompliziert zu transpor-

tieren. Beim Brot vom Waldviertler Bäcker Kasses, das man vor dem Kaas-am-Markt-Stand bekommt, werde ich dagegen schwach: Der Bäckermeister, der den Roggen für seine Sauerteige selbst anbaut, ist Österreichs erster „Slow-Baker", dessen wichtigste Zutat die Zeit ist, die er seinen Teigen und noch ungebackenen Broten lässt. So können sie reifen und das richtige Aroma entwickeln, bevor sie in den Ofen kommen. Vor den Ständen der Biohöfe Binder, Rapf und Krautweik stehen die Leute Schlange – wer sich für alte oder ungewöhnliche Obst- und Gemüsesorten begeistert, kann dort in einer Vielfalt schwelgen, die ihresgleichen sucht. Dazwischen finden sich auch „normale" Stände wie der von Renate Neugebauer aus Großengersdorf mit beeindruckenden Kürbissen, Roten Rüben und einigen Weinflaschen, und wieder ein paar Schritte weiter sehe ich vor mir eine Marktfrau wie aus dem Bilderbuch: Frau Jelinek, die in Simmering eine Gärtnerei hat, verkauft Paprika, Salate und schön krumme Schlangengurken. Pinzgauer Rind aus Rauris ist vertreten, beim kaes.at-Stand werden Susanne Gruber und ihre Tochter regelrecht belagert,

Familie Gruber

was angesichts der Auswahl an Bregenzerwälder Bergkäse von verschiedenen Sennereien, Schweizer und österreichischer Weich- und Blauschimmelkäse von Ziege, Schaf, Kuh und Wasserbüffel auch kein Wunder ist.

Am oberen Rand des Marktes geht es ruhiger zu, hier treffe ich Anton Sutterlüty. „Indem wir das Produkt aufmerksam reifen lassen, reifen auch wir", steht auf dem Pergamentpapier, in welches er seinen Bregenzerwälder Bergkäse wickelt. Er musste lange suchen, ehe er in Wien einen Lieferanten für das richtige Papier fand: Antons Käse kommt direkt aus dem Keller und hat während seiner vielmonatigen Reifezeit weder einen Kühlschrank noch eine Plastikhülle von innen gesehen. „Da werde ich ihn doch jetzt nicht in Kunststoff packen", meint der Käser, dem die Abneigung gegen eingeschweißten Käse aus dem Supermarktregal ins Gesicht geschrieben steht, wenn die Rede darauf kommt. Oder war es nur die Kraftanstrengung? Das Gespräch über Supermarkt-Käse haben wir nämlich nicht auf dem Markt geführt, sondern in seinem

Käsekeller, während er Laib um Laib aus dem Regal genommen, rundherum mit Salzwasser gebürstet, umgedreht und wieder zurück ins Regal gewuchtet hat. Gute dreißig Kilo bringt so ein Laib auf die Waage, und bei hundertsiebzig Laiben kommt da schon einiges zusammen.

Im Keller hat mir Anton auch erzählt, wie er zur Käserei gekommen ist: als Zehnjähriger auf der von der Familie gepachteten Alp. Seither hat er so gut wie jeden Sommer als Käser gearbeitet und sich damit auch als Student der Theologie und Kunstgeschichte etwas Geld verdient. Als er dann Kunstvermittler in Wiener Museen wurde, blieben die Sommer dem Gebsenkäse gewidmet – benannt nach den weiten, flachen Holzgefäßen, in denen die frisch gemolkene Abendmilch über Nacht abkühlt. Die ausschließlich mit kochender Molke gereinigten Gebsen – wäscht man sie mit Wasser, werden sie schmierig – sorgen dafür, dass die Milch bereits mit „wilden" Kulturen in Kontakt kommt. Der Käser schöpft morgens den Rahm von

Käsekeller Anton Sutterlüty

35

Anton Sutterlüty

bereits vorgereifter Milch, die über Nacht atmen konnte. „In hohen Gefäßen erstickt die Milch", erklärt Anton Sutterlüty, der viel von erfahrenen Käsern lernen konnte. Die Arbeit mit wilden Kulturen erfordert Erfahrung und Wissen um den Einfluss, den Wetter und Temperatur auf die Milch haben. Und natürlich das Futter: Anton legt Wert darauf, bereits im Mai zum ersten Mal auf die Alp zu gehen. Da ist die Milch wesentlich fetter als im Sommer, der Käse wird entsprechend cremiger. Um die Jahrtausendwende wurde der kunstaffine Käser ins frisch renovierte „Kipferlhaus" in der Grünangergasse gleich hinter dem Stephansdom geladen: Zu einer Ausstellungseröffnung im zweistöckigen Keller des im Kern mittelalterlichen Hauses, in dem laut Legende im Jahr 1683 das erste gebogene Kipferl gebacken wurde, sollte es Wein geben – und eben Käse, und zwar solchen, wie ihn Anton seit Jahren für den eigenen Bedarf und für Freunde nach Wien mitbrachte. Als Jahre später eine „Winebank" in den geschichtsträchtigen Keller zog, erinnerte man sich an den hervorragenden Käse von damals – der würde doch genau zum Wein passen! So zog Anton, der in der Zwischenzeit aus dem alten Sommerjob ein berufliches Standbein gemacht hatte, im Herbst 2015 mit seinen Käselaiben ins Kellergewölbe im Herzen der Stadt. Dreimal pro Woche steigt er in den Keller hinunter, um Laib für Laib aus dem Regal zu nehmen, zu bürsten, umzudrehen und wieder zurück ins Regal zu schlichten.

Aus diesem alten Wiener Keller kommt auch das achtzehn Monate lang gereifte Stück vom Vorarlberger Bergkäse, das mir Anton ins sorgfältig ausgesuchte Papier packt, ehe ich mich schon relativ schwer beladen auf den Weg in Richtung Volkertmarkt mache.

Karmelitermarkt: 1020 Wien
Montag bis Freitag 6-19:30 Uhr
Samstag 6–17 Uhr
Bauernmarkt: Samstag 6–13 Uhr

Zum Vertiefen

www.der-tschuertz.com
www.kaasammarkt.at
www.spezialitaeten-schneider.at
www.kasses.at
www.kaes.at
www.facebook.com/krautwerk
www.rapf.com
www.biohof.at
www.antonmachtkes.at

Volkertmarkt

Besonders angesagte Lokale erkennt man neuerdings an den vor der Tür geparkten Kinderwägen. So ist es auch am Volkertmarkt, der eine erstaunliche Entwicklung hinter sich hat: Von der Gentrifizierung der Leopoldstadt blieb dieser Teil des zweiten Bezirks bis vor Kurzem unberührt. Eine großbürgerliche Vergangenheit ließ sich zwar noch dank imposanter Gründerzeitbauten erahnen, die Erdgeschoßzonen waren jedoch tot, die Straßen zugeparkt, die Fassaden grau. Doch selbst wenn es hier nach wie vor ungleich entspannter zugeht als im Karmeliterviertel, sperren nun auch in diesem Abschnitt der nahen Taborstraße Werbeagenturen und Architekturbüros auf, während der Markt, der 1878 ursprünglich illegal errichtet wurde, langsam aus seinem Dornröschenschlaf zu erwachen scheint.

Und damit wären wir wieder bei den Kinderwägen, die vor dem „Ballsy" parken, einem funkelnagelneuen Lokal

Volkertmarkt

Marcel

voll originellen Einrichtungsideen wie entzweigeschnittenen
Tischtennistischen auf der Terrasse, die man zum Essen oder
eben auch ihrer ursprünglichen Bestimmung gemäß zum
spontanen Tischtennismatch benützen kann. Darauf serviert
werden kugelförmige Speisen aus aller Welt, etwa Bällchen
vom Biorind, vom Donaulamm oder vom Bio-Leberkäse, in-
dische Gemüsebällchen oder ein Linsenrisotto in Kugelform.
Fast schon ein Klassiker ist das Marktcafé „Nelke", das vor
drei Jahren die Wiederentdeckung des Marktes eingeleitet hat.
Hier wird ganztägig gefrühstückt, von süß bis pikant, von
„Ost" bis „Ami". Wer will, kann zu Mittag auch gefüllte Pita-
Brote oder bretonische Galettes bestellen.

Ich bin aber nicht zum Essen, sondern wegen des Bauernmarktes gekommen. Hat man wie ich gerade noch die
Überfülle des Karmelitermarktes genossen, ist der Kontrast
gewaltig: Gerade einmal drei Stände umfasst dieser Bauernmarkt, doch lässt es sich dort sehr ordentlich einkaufen. Bei
Marcel etwa, dem zehnjährigen Sohn von Cornelia Dabergotz

aus Wappoltenreith bei Horn, der seiner Mutter zur Hand geht. Gut gereiftes Rindfleisch bekommt man bei den beiden, Speck und Wurst, alles selbst gemacht „vom Nachbarn". Käse gibt es auch, dazu Gemüse und Äpfel aus eigenem Anbau. Eine gute Ergänzung ist das Angebot der Winzerfamilie Krautstofl aus Bockfließ, bei der sich fast alles um den Wein dreht, aber eben nur fast: Die Krautstofls verkaufen auch stattliche, erdige Karotten und Rüben, die so, wie sie sind – ungewaschen nämlich – besonders lange halten. Die Paradeisersaison geht zu Ende, ein paar letzte Exemplare sind noch zu haben, Erdäpfel und Trauben dürfte es noch länger geben. Selbst geernteten Honig und selbst gemachten Hollersaft bieten schließlich noch die Kinder des Montessori-Campus in Hütteldorf an.

Auch der fixe Markt lohnt einen kleinen Bummel: Hinter den leider verspiegelten, abweisend wirkenden Glastüren der „Fisch-Insel" kann man Fisch sowohl kaufen als auch essen, dahinter sorgt der Obst- und Gemüsestand der Firma Dogo für die Kulisse, ohne die kein Markt auskommt: kistenweise Obst und Gemüse von nah und fern.

Wer der Nase nachgeht, wird auf dem Volkertmarkt irgendwann bei Yudale landen, einem Lokal mit Holzkohlengrill. Hier wird vor allem bucharisch gekocht: Nach Buchara, ihrer einstigen Metropole, ist die Kultur der mittlerweile größtenteils aus dem Gebiet des heutigen Usbekistan emigrierten Juden benannt. Teigtaschen mit Namen wie Manti, Goschgesche oder Samsa gehören zu den täglich frisch gemachten bucharischen Spezialitäten, ihre georgischen, bei Yudale ebenfalls erhältlichen Pendants heißen Chinkali oder Tschebureki. Wer es eilig hat, kann mit einem Schuarma-Sandwich wenig falsch machen: Das am senkrechten Spieß wie ein Döner gegrillte Fleisch stammt aus der eigenen Fleischhauerei und wird mit Salaten nach Wahl in eine Lavash-Flade gewickelt – eine gute Alternative zum sattsam bekannten Döner-Sandwich.

Volkertmarkt: 1020 Wien
Montag bis Freitag 6–19:30 Uhr
Samstag 6–17 Uhr
Bauernmarkt: Samstag 6–13 Uhr

Zum Vertiefen
www.facebook.com/ballsyvolkert
www.facebook.com/yudale.restaurant

Ein Markt als Gentrifizierungsgewinn
Neues Leben im Stuwerviertel und auf dem benachbarten Vorgartenmarkt

Wie positiv die viel gescholtene Gentrifizierung doch für ein Grätzel sein kann: Eine Buchhandlung gab es im Stuwerviertel bis vor Kurzem nämlich nicht. So nett es beim „Stuwerbuch", wo ich zufällig auf meinem Weg von der U-Bahn zum Vorgartenmarkt vorbeikomme, auch zugeht – der Markt ruft, und ich bin gespannt, wie sich die letzten Jahre, in denen man überall vom Aufschwung des Viertels lesen konnte, auf ihn ausgewirkt haben. Vor fünf Jahren war ich zum letzten Mal in dieser Gegend, die damals einen faszinierenden Kontrast zwischen ehedem repräsentativer, mittlerweile schwer sanierungsbedürftiger Architektur, völliger Verlotterung und ersten Ansätzen der Aufwertung bot. Auch der Vorgartenmarkt dünstete miefige Vorstadt-Tristesse aus: Geschlossene Stände, nach kaltem Rauch stinkende Tschocherln fürs Frühstücks-

Holzofen-Bäckerei Gragger

Achterl oder ein morgendliches Reparatur-Seidl, ein paar wenige Lebensmittelhändler, auf deren Zukunft man nicht viel gesetzt hätte.

Und jetzt das: Gragger zum Beispiel. Auch wenn man mit Superlativen vorsichtig sein sollte, wird man sich schwer tun, bessere Handsemmeln zu finden als die, die der aus Oberösterreich stammende Bäckermeister am laufenden Band aus seinem mit Fichtenscheiten befeuerten Ofen in der Wiener Innenstadt holt. Und nun steht ausgerechnet im einst vor sich hin siechenden Vorgartenmarkt ein zweiter Gragger-Holzofen, ein wunderschönes Exemplar noch dazu. Um bei den Sinneseindrücken zu bleiben: Noch besser, als der Ofen schön ist, riechen in dieser Bäckerei die Florianer- oder Mühlviertlerlaibe, Handsemmeln, Baguettes, Flûtes, Croissants und Dinkeltoasts – selbstverständlich alle frisch vor Ort aus Sauerteig gebacken, der tagelang reifen durfte. Ein bisschen Neid mischt sich in die Begeisterung: Warum kriegt der zweite Bezirk so etwas und nicht der Westen der Stadt, wo ich zu Hause bin?

Eine Handsemmel als Trost muss mit, aber in schlechte Stimmung zu geraten, gelingt auf diesem Markt ohnehin nicht. Ich bin an einem Freitag unterwegs, da belebt ein kleiner Bauernmarkt die freie Fläche inmitten der gemauerten Marktstände. Die Simmeringer Gärtnerei Jelinek bietet Obst und Gemüse an, sehr gut sieht auch das Fleisch vom Tullnerfelder Strohschwein aus, das eine Firma namens Josip neben allerlei Geräuchertem verkauft. Die kleinen Stelzen etwa – „Eigentlich heißen sie Knielinge", erklärt mir der Verkäufer, das sind vordere, gesurte Schweinsstelzen. Er würde sie im Rohr braten, vorher seitlich einschneiden, damit die Hitze besser eindringt. „Trocknen die dann eh nicht aus?" Er lacht, aber das macht er wohl generell gern. „Diese Stücke bleiben saftig", das garantiert er. Dabei könnte sich

Stefan Gradt, so heißt der gut gelaunte Fleischhauer, auch ärgern: Schließlich hatte er bis 2009 seinen eigenen fixen Stand am Markt. Dann kam der Plan, den heruntergekommenen Markt zu modernisieren und Platz für einen Bauernmarkt zu schaffen. Gradts Fleischerei wurde abgerissen. Der gegen den Beschluss der Stadt machtlose Pächter bekam zwar eine Ablöse zugesprochen, hatte aber in den drei Jahren vor dem Abriss ein Vielfaches in die Rundum-Modernisierung seines Betriebes gesteckt, Kühlung und Lüftung komplett erneuert. Dennoch findet er die Aufwertung des Marktes positiv, nur die Ahnungslosigkeit der Behörde – „Die haben mich tatsächlich gefragt, was denn da so teuer gewesen sein kann!" – ärgert ihn noch heute. Er arbeitete weiter als Fleischhauer, nun aber angestellt. Das Strohschwein faszinierte ihn von Anfang an. „Ich habe mich zuerst gewundert, was für Hundehütten da am Waldrand herumstehen", erzählt er von seinem ersten Kontakt mit den im Freiland gehaltenen Tieren. Heute ist er von der Fleisch-

Gemüse am Volkertmarkt

Geflügel Schneider

qualität begeistert, wie er überhaupt eine Freude an seinem Beruf ausstrahlt, die ansteckend ist. Gleich hinter dem Bauernmarkt stoße ich auf eine weitere Überraschung: ein fixer Marktstand der Gärtnerei Adamah, ohne die es auf vielen Wiener Wochenmärkten traurig aussehen würde. Ähnlich wie Graggers Holzofen ist auch der Adamah-Stand etwas Besonderes: Immerhin handelt es sich um den einzigen fixen Stand des erfolgreichen Bio-Betriebes in Wien. Neben Obst und Gemüse kann man hier vor allem Bio-Feinkost kaufen, Brot, Öle, Tees, Bio-Bier, Konserven, Schinken, Wurst und Käse. Auch der Koch des benachbarten afrikanischen Lokals Ténéré, bei meinem Besuch leider wegen Urlaubs geschlossen, kauft die Zutaten für den täglich wechselnden Mittagsteller bei Adamah. So wie man sich das auf einem Markt eben vorstellt, zumindest im Idealfall.

Hochwertig geht es weiter: Eine Bauerngemeinschaft aus dem Yspertal im Waldviertel vermarktet ihre Produkte unter dem Namen „Bioviertel". Man betreibt einen eige-

Fleischhauer Stefan

nen Schlachthof, sodass die Schlachttiere keinen langen Transport erdulden müssen. Schweinsbraten und Ochsen-Leberkässemmeln, oder auch Waldviertler Frischfisch – ein schöner kleiner Laden. Wie auch die „Palette" schräg gegenüber, wo man während der Woche eine ordentliche Auswahl an Bioprodukten kaufen sowie freitags und samstags Suppe oder Quiche essen kann. Gleich dahinter: Das in Wien für sein Lieferservice per Lastenrad bekannte vegetarische Bio-Lokal „Rita bringt's", dessen bis auf den letzten Platz gefüllte Terrasse beweist, wie gut es zum neuen Lebensgefühl am Vorgartenmarkt passt.

Gar nicht neu, aber noch immer frisch wirkt gegenüber Geflügelhändler Christian Schneider, der seinen Marktstand in vierter Generation führt. Der groß gewachsene Händler ist zurecht stolz auf sein Sortiment: Wild, Parma-Schwein, Bauernenten vom Schneeberg, Bio-Freilandgänse, Kaninchen, Poularden, italienische Kapaune zu Weihnachten – eine Wiener Top-Adresse für Geflügel und wohl der Klassiker dieses dynamischen Marktes, der wie kaum ein zweiter für die Wiedergeburt der bereits einmal scheinbar zum Absterben verurteilten Wiener Märkte steht.

Vorgartenmarkt: 1020 Wien
Bauernmarkt: Samstag 6–13 Uhr

Zum Vertiefen

www.gaertnerei-jelinek.at
www.adamah.at
www.palette.or.at
www.ritabringts.at

3. Landstraße

Wien (Leibes-)Mitte

Ein Hauch Paris liegt an der Landstraßer Hauptstraße in der Luft, ausnahmsweise ist das aber kein Vorteil: Die belebte Einkaufsstraße teilt das Schicksal des Hallenviertels der französischen Hauptstadt. So wie der von Émile Zola verewigte „Bauch von Paris" wurden auch die drei Landstraßer Markthallen aus dem 19. und frühen 20. Jahrhundert, die Groß- und Detailmärkte beherbergten, in den Nachkriegsjahrzehnten geschleift und durch mäßig gelungene Einkaufszentren ersetzt.

Wie ein ins Positive gewendeter Phantomschmerz prägen die aus ihren angestammten Vierteln gerissenen Märkte da wie dort noch die sie umgebenden Straßenzüge: In Paris sind nahe den alten Hallen erlesene Feinkostläden und Restaurants zu finden, und auch die belebte, etwas sperrig klingende „Landstraßer Hauptstraße", seit dem frühen Mittelalter ein bedeutender Handelsweg, zählt in kulinarischer Hinsicht zu den interessantesten der Stadt. Und noch eine Parallele zu Paris: Kurz vor der Französischen Revolution wurde dort der älteste Friedhof der Stadt aufgelassen und in einen Marktplatz verwandelt – genau wie der Nikolaifriedhof an der Landstraßer Hauptstraße. Im Unterschied zu seinem Pariser Pendant rund um die Fontaine des Innocents besteht der Wiener Markt aber noch heute: Es ist der Rochusmarkt, der sich in dem Bereich der Straße befindet, in dem der Charme ihrer oft noch aus der josephinischen Epoche stammenden kleinteiligen Bebauung selbstbewusster zeitgenössischer Architektur weicht. Die kleinen, etwas abgewetzten Marktstände wirken wie ein wohltuender Kontrapunkt zur imposanten Kulisse des Platzes, vor allem aber sind sie aus der kulinarischen Landschaft des Bezirks nicht wegzudenken. Etwa der Obst- und Gemüsestand von Roland Schätzl, dessen Ware gekonnt den Spagat zwischen reichhaltigem, saisonalem Angebot aus der Umgebung und der einen oder anderen weiter

gereisten Obst- oder Ge-
müsesorte meistert, ohne
die man es eben nur schwer
durch den Winter schafft:
Maroni gibt es und Manda-
rinen, Ananas und Asperln,
Romanesco und Radic-
chio – so soll ein Obst- und
Gemüsestand aussehen!

Oder das Käseland,
nicht zu verwechseln mit
dem gleichnamigen, bekannteren Stand auf dem Naschmarkt:
Schon in der Auslage sind mit Vacherin de Fribourg, Comté,
Beaufort und reifem Emmentaler die klassischen Zutaten für
das savoyardische Käsefondue scheinbar zufällig versammelt.
Auf kleinstem Raum entfaltet sich im Inneren dieses herrlich
duftenden Quaders eine erstaunliche Käsevielfalt: Sainte
Maure, der geaschte Ziegenkäse mit dem Strohhalm in der
Mitte, in verschiedenen Reifegraden, Reblochon oder elsäs-
sischer Munster, karamellfarbener norwegischer Braunkäse,
österreichischer Bio-Ziegenbrie und unzählige andere drängen
sich hinter den Vitrinen. Kaum zu glauben, dass da noch Ver-
suchungen wie fein passierte Entenmousse oder ein schöner
Prager Schinken im Ganzen Platz haben. Haben sie aber.

Ein wie immer wohlsortierter Radatz-Stand, ein Halal-
Fleischhauer mit Lamm- und Rindfleisch, noch ein Obst- und
Gemüsestand, ein Geflügelhändler, Nordsee, Anker und asiatische Mittagslokale machen den kleinen Markt komplett, der
am Freitag und Samstag, wenn Bauernmarkt ist, zur Hoch-

Gärtnerei Schmidt

form aufläuft. Da kommt etwa Andreas Palatin aus Nikitsch im Mittelburgenland angereist, „Wurstmanufaktur" nennt er seine Edel-Fleischerei. Auch manche Kunden nehmen weite Anfahrtswege auf sich, wie beim Tratschen in der Schlange vor dem Stand rasch klar wird. Der Weg lohnt sich allein für Seltenes wie rohe Merguez oder Salsicca, die man in Wien sonst kaum findet, vor allem in Bio-Qualität. Der Schinken, das Lamm, das Schweinefleisch oder das trocken gereifte Angus-Rind in der Vitrine könnten nicht verlockender aussehen, unwiderstehlich – für mich jedenfalls – sind auch das Lammleber-Parfait oder der Schweinsbraten im Gläschen.

Neben dem Burgenländer steht ein Waldviertler Meisterfleischer, Gerhard Weissenhofer, der zusätzlich zu den typischen Waldviertler Saumaisen, Selchfleisch und Weiderind auch selbst erlegtes Wild dabei hat. Weiter geht es mit den Gärtnereien Riha und Schmidt, gleich zwei Simmeringer Traditionsbetrieben mit einem frühherbstlichen Angebot: pralle Salatköpfe, die letzten Paradeiser der Saison, die ersten

Kohlsprossen. Aus der Steiermark ist Marktfahrer Reindl angereist, der besonders schöne Parasole gefunden hat, aber auch Preiselbeeren und Asperln anbietet, auch Mispeln genannt: Man kann sie einfach so essen, Herr Reindl empfiehlt, sie in einem Wildragout mitzukochen – wird ausprobiert!

Dutzende Kuchen und Strudel bäckt Roswitha Hörhager aus Imfritz, die auch Obst, Wein und Säfte auf dem Tisch vor sich aufgebaut hat. Einen Imker-Stand gibt es, noch mehr Käse, und da ist auch noch der Biohof Rapf, der heute Wurzelgemüse, Kürbisse und Äpfel zu bieten hat, die ganze herbstliche Vielfalt. Immer wieder faszinierend ist bei Rapf auch der Besuch im Winter: Da kann man in Gläser gefüllte Erinnerungen an den Sommer kaufen wie Weingartenpfirsich-Chutney, essbare, sauer eingelegte Lilienblüten oder Bodenständiges wie Paprikaletscho von mild bis scharf und Saisonales wie sizilianische Tarocco-Orangen, Erdmandeln und Knollenziest, in Frankreich als „crosnes" sehr beliebt. Womit wir wieder beim Hauch Frankreich wären, der hier manchmal in der Luft liegt und sich nach dem Besuch auf dem Rochusmarkt so richtig wohlig anfühlt.

Rochusmarkt: 1030 Wien
Bauernmarkt: Freitag 7–15 Uhr
Samstag 7–13 Uhr

Zum Vertiefen
www.zumpalatin.at
www.heuriger-meierhof.at
www.bio-rapf.com

4. Wieden und Margareten

St.-Elisabeth-Platz

Wo einmal mit dem Phorusmarkt Wiens einzige Jugendstil-Markthalle stand, macht sich heute ein Klotz von einem Alters-heim breit. Und seit die Bezirksgrenzen zugunsten Mariahilfs verschoben wurden, gehört auch der Naschmarkt nicht einmal mehr teilweise zum vierten Bezirk. So bleibt es dem winzigen Wochenmarkt auf dem St.-Elisabeth-Platz gleich hinter dem Funkhaus vorbehalten, sich den letzten der Wiedner Märkte nennen zu dürfen. Ein paar gemauerte Stände neben der Kir-che, die heute von einem Würstelstand und einem Obst- und Gemüseladen gemietet werden, zeugen von der Vergangenheit des traditionsreichen Marktes, auf dem es, wie Bilder aus dem 19. Jahrhundert zeigen, einmal sehr lebendig zuging.

Zumindest eines der beiden Standln, die bei meinem Besuch an einem herbstlichen Samstagvormittag anwesend sind, kann aber durchaus einen „richtigen" Markt ersetzen: Stefan Schmid aus Pillichsdorf im Weinviertel, dem „Wohnzimmer des Grünen Veltliners", wie der Winzer seine Heimat nennt. Es dürfte sich

Das Wohnzimmer des Grünen Veltliners

um einen sehr gastfreundlichen Ort handeln. Stefan Schmid hat eine wetterfeste Couch in dieses Wohnzimmer gestellt, damit Wanderer in Ruhe die Vielfalt erfassen können, die sich dem Auge beim Anblick seiner Weingärten bietet. Zweihundert Obstbäume hat er zwischen seine Reben gepflanzt: Apfel-, Marillen-, Pfirsich-, Zwetschken-, Kriecherlbäume, außerdem Sträucher wie Himbeeren, Brombeeren, Mispeln, Schlehen und vieles mehr – so wird der Boden verbessert und Lebensraum für Nützlinge geschaffen, auch Bienen werden dank der unterschiedlichen Blühzeiten in den Weingarten gelockt. Entsprechend vielfältig ist das Sortiment des Winzers, der seinen Betrieb gerade auf biologische Landwirtschaft umstellt: Neben dem Grünen Veltliner oder Sorten wie Weißgipfler, Rivaner, Cuvées aus Zweigelt, Roesler und Rathay, im Holzfass gereift, sind da Blumen, Nüsse, Honig und je nach Ernte Obst und Gemüse, bei meinem Besuch vor allem Äpfel, Karotten, Kürbisse, Rüben und allerlei Küchenkräuter. Seit zwanzig Jahren steht Stefan Schmid samstags mit seinen Produkten auf dem St.-Elisabeth-Platz – der damit nicht nur eine große Vergangenheit als Marktplatz hat, sondern auch eine erfreuliche Gegenwart.

Bauernmarkt St.-Elisabeth-Platz: 1040 Wien
Samstag 9–12 Uhr
Zum Vertiefen: www.bauernhof-schmid.at

Margaretenplatz

Ähnlich wie auf der Wieden sieht es in Margareten aus: Der Margaretenplatz ist ein traditioneller Wiener Marktplatz, woran sich heute aber niemand mehr erinnern kann. Dafür wurde er vor einigen Jahren neu erfunden: als Wochenmarkt am Donnerstag, der genau zur aufstrebenden Margaretenstraße mit ihren individuellen kleinen Läden passt. Das liegt vor allem an der Land-Fleischerei Sturm aus Großnondorf: Die Zwillingsbrüder Erich und Franz betreiben diese Fleischerei so, wie in der besten aller Welten alle Fleischereien aussehen würden. Das Fleisch stammt ausschließlich von selbst geschlachteten Tieren, die zwar ohnehin keinen weiten Transport hinter sich haben, im Stall des Betriebs aber gefüttert werden und noch einmal übernachten. So können sie sich vom Transport erholen, ehe sie ihren letzten Weg antreten – das senkt den Stress für die Tiere und hebt die Fleischqualität für den Kunden. Und es beweist ein vermeintliches Paradoxon: Gute Fleischhauer sind im Regelfall Menschen, die großen Respekt vor den Tieren haben.

Der Aufwand, den die beiden Brüder betreiben, lohnt sich jedenfalls – das zeigt nicht nur die Goldmedaille der Blutwurst-WM von 2009, die im Wagen der Landfleischerei hängt. Erich Strobl – oder war es Franz? – verweist aber auch zu Recht auf seine restliche Ware. Das Schweinefleisch kommt vom artgerecht gehaltenen Strohschwein, was man den Blunzen, dem Fleisch, dem

Honig-, dem Knoblauch-, dem Wacholderschinken und der Leberwurst auch irgendwie ansieht. Dazu kommen prächtige Lammschlögel und -stelzen, Reh und Hirsch, fertiges Beuschel, Gulasch und Waldviertlerknödel. Wer in dieser Gegend wohnt, der muss am Donnerstag nicht selbst kochen.

Die Großnondorfer Fleischer bespielen den Margaretenplatz nicht im

Alleingang: Ein Wagen der Käsehütte Maria Taferl, mit der die Supermarkt-Käsetheke einfach nicht mithalten kann, ein Obst- und Gemüsestand und die Fischbauern aus dem Ausseer Land mit ihren Bilderbuch-Seesaiblingen sind am Donnerstag ebenfalls vor Ort.

Bauernmarkt am Margaretenplatz: 1050 Wien
Donnerstag 8–18 Uhr
Zum Vertiefen: www.landfleischerei-sturm.at
www.facebook.com/diefischbauern, www.kaesehuette.at

Siebenbrunnenplatz

Margareten hat noch einen weiteren Wochenmarkt: Dienstag ist Markttag auf dem Siebenbrunnenplatz, doch von den vierzehn Ständen, die dort vor ein paar Jahren noch anzutreffen waren, ist fürs Erste nur einer übrig. Dieser passt dafür gut zur vergessenen noblen Geschichte des Platzes, an dem einmal die zur Hofburg führende kaiserliche Wasserleitung ihren Ausgang nahm: „Schweinebaron" steht auf dem Stand, immerhin. Herr Schöbel, wie der Schweinebaron mit bürgerlichem Namen heißt, fühlt sich dem Adelstitel auch verpflichtet und verweist auf die Produktpalette des Familienbetriebs aus Griffen in Kärnten: Neben Mangalitzawurst und -kopffleisch, Press- und Zungenwurst, Speck und Rohschinken, Kabanossi, Grammeln, Bregenzerwälder Bergkäse, Doppelrauch-Dürren, Schwarz- und Grauroggenbrot finden sich hier auch Raritäten wie Gamswurst und Hirschsalami. Nicht zu vergessen die Mandelcroissants von fast schon fürstlichen Dimensionen.

Wochenmarkt am Siebenbrunnenplatz: 1050 Wien
Dienstag 8–18 Uhr, www.schweinebaron.at

5. Der Naschmarkt

Heiß geliebt und wild umstritten: Der Naschmarkt

Eigentlich ist es ja paradox. Der Naschmarkt, die längst zum Wiener Wahrzeichen avancierte historische Flanier- und Fressmeile zwischen den ikonischen, Charme und Eleganz des Fin de Siècle verbreitenden Pavillons, wurde just zu dem Zeitpunkt errichtet, als seine Blütezeit definitiv zu Ende war: im Jahr 1916 nämlich, als die Versorgungslage des eingeschlossenen Habsburgerreiches und seiner Hauptstadt immer prekärer wurde und die Wiener langsam, aber sicher zu hungern begannen. Die große, legendäre Epoche des Marktes, der gegen Ende des 18. Jahrhunderts als „Markt vor dem Kärntnerthore" erstmals erwähnt wurde, später auf einen vormaligen Müll- und Aschenplatz noch etwas weiter draußen vor der Stadt übersiedelte und im Lauf der Jahrzehnte auf über neunhundert Stände angewachsen war, all die wilden Geschichten von legendären Betrügern, blutigen Marktfahrer-Fehden und wegen ihres Mundwerks gefürchteten Marktfrauen, nach denen heute die Gassen des Marktes benannt sind – das alles war schon damals Vergangenheit. Egal, man ließ es sich nicht nehmen, das hundertjährige Jubiläum des eigentlich nur provisorisch aufgestellten Marktes, der in eine Halle hätte übersiedeln sollen, die dann nie gebaut wurde, ausgiebig zu feiern.

Schließlich passt das Provisorische und Unvollendete so gut zu Wien, nicht zufällig liegt der Naschmarkt genau inmitten jenes kurzen Abschnitts der Wienzeile, an dem Otto Wagner den kaiserlichen Willen umgesetzt hatte, Karlsplatz und Schönbrunn durch einen repräsentativen Boulevard zu verbinden – bis der Erste Weltkrieg einen frühen Schlussstrich unter die habsburgischen Weltstadtfantasien zog.

Für einige Zeit bargen die von Friedrich Jäckel entworfenen Marktstände auch den Großmarkt, bis dieser Anfang der

1970er-Jahre nach Inzersdorf verlegt wurde. Die Großmarkt-Pavillons wurden geschleift, um – wieder einmal: „provisorischen" – Parkplätzen im Wiental Platz zu machen: Bald würde an der Stelle des Marktes der Verkehr rauschen, schließlich sollte die Westautobahn eines Tages direkt ins Stadtzentrum hineinführen.

Bekanntlich kam es anders, derartige Pläne liest man heute mit offenem Mund. Doch der Naschmarkt ist schon wieder in Gefahr: Vielerorts ist zu lesen, er verkomme zum Disneyland. Zwischen potemkinschen Marktbuden würden mehr Touristen als Kunden die engen Gassen verstopfen, während Einheimische die malerische Kulisse nur noch als Hintergrundbild für das gepflegte Abhängen beim Schlürfen von Milchkaffee oder dem gerade angesagten Longdrink der Saison zu schätzen wüssten. Heftig wird über das richtige Verhältnis von Nahversorgern und Gastronomie gestritten, in Zeitungen liest man von Ablösesummen bis zu einer Million Euro für die Stände, die eigentlich der Stadt Wien gehören und nur verpachtet werden, sowie von mafiösen Strukturen hinter frisch renovierten Fassaden.

Ein schwieriges Pflaster also, doch ich habe mir für den Naschmarktbummel einen kompetenten Begleiter mitgenommen: Journalist und Gastro-Kritiker Florian Holzer ist ein profunder Kenner des Marktes, sowohl was die Schau- als auch die Kehrseite der hier getätigten Geschäfte betrifft, und begleitet mich heute zumindest ein Stück weit bei meinem spätherbstlichen Spaziergang.

„Ich kann das Gejammere nicht mehr hören", antwortet Florian, als ich die bekannten Probleme anspreche. Es gebe zwar einiges an der Entwicklung des Marktes zu kritisieren, doch ihn stört die Nostalgie, die in der Kritik oft mitschwingt: „Als ich ein Kind war, da war der Naschmarkt weitgehend ein Fetzenmarkt mit ein paar wenigen guten Standln", erzählt er und deutet auf das Schild der „Wein&Co"-Flagship-Filiale mit der großen Champagnerbar an der Wienzeile. „Früher war da ein Elektro- und Heimwerkerladen drin, elegant war hier gar nichts."

Champagner gibt es mittlerweile auch am Beginn des Naschmarkts, wo man vor dem Nordsee-Stand an Stehtischen Austern und Schaumwein schlürft, während sich im Selbstbedienungsbereich dahinter alles um den Backfisch dreht. „Nordsee gehört seit Jahrzehnten zum Naschmarkt", erklärt Florian. „Das Unternehmen ist wienerischer, als man denkt: Zu Nordsee ging man schon immer, um guten Fisch zu kaufen, das ist für viele Wiener Familien seit Jahrzehnten eine völlig klare Sache." Überhaupt, Wien und der Fisch: Das ist nicht nur eine gute Ergänzung zu „Wien und der Wein", sondern seit jeher eine innige Beziehung. Die vielen Fasttage zwangen die Bewohner der streng katholischen Kaiserstadt zur Suche nach Alternativen zum Fleisch. Ganz aufs tierische Eiweiß zu verzichten oder gar weniger zu essen, wäre ihnen offenbar nicht in den Sinn gekommen. Fünfzig verschiedene

Umar

Süßwasserfischarten sollen um die Jahrhundertwende auf den Wiener Märkten zu finden gewesen sein. Dazu kamen noch Leckerbissen wie Krebse, Frösche oder Schildkröten, die aus allen Teilen der Monarchie nach Wien gekarrt wurden. Seefisch, Krebse und Austern aus der Adria wurden per Bahn über Triest transportiert und waren wegen hoher Steuern der zahlungskräftigen Kundschaft vorbehalten – die Marktlücke wusste Nordsee zu nützen, die den Fisch über Bremen bezog.

Für die alte Wiener Liebe zum Fisch steht auch der Stand der Familie Gruber, in unmittelbarer Nachbarschaft zur Konkurrenz aus dem Norden. Der Familienbetrieb wird bereits in der sechsten Generation beziehungsweise seit 1876 geführt, das Sortiment reicht vom Rogen fliegender Fische über alle erdenklichen Sorten See- und Süßwasserfisch, roh oder geräuchert, bis zu beeindruckenden Seespinnenbeinen – für mich eines der schönsten Schaufenster des ganzen Marktes. Kleiner, jünger, aber vom Naschmarkt längst nicht mehr wegzudenken, ist ein weiterer Fischhändler, der 2004 eröffnete Stand der Brüder Umar, in dem es neben frischem Fisch auch ein beliebtes Restaurant gibt: „Die beiden haben das Mediterrane an dieses Eck gebracht, die Lebensfreude, und waren für die Entwicklung der ganzen Gegend enorm wichtig", meint Florian.

Ein bisschen ehrfürchtig wird er beim Obst- und Gemüsestand Himmelsbach gleich nebenan, für ihn einer der Eckpfeiler des Marktes: „Die halten seit jeher ein extrem hohes Niveau und ruhen sich nicht auf den Lorbeeren aus." Jetzt hat gerade Kohlgemüse Saison: Grünkohl, Schwarzkohl, Cime di Rapa, Spitzkraut, Kohlsprossen sind sorgfältig aufgeschlichtet, kein welkes Blatt stört das perfekte Arrangement, so wie man sich auch darauf verlassen kann, dass das Obst keine versteckte Druckstelle hat, die am nächsten Tag braun wird. Auch der Stand gegenüber war einmal bekannt für die Qualität von Obst und Gemüse, heute ist er eine Bar – „Eine

Himmelsbach

Tragödie", meint Florian. Dennoch ist der Naschmarkt trotz
der ersten Souvenir- und Ramschläden hier noch so, wie man
ihn sich vorstellt – und außerdem: „Ramsch und Fetzen gehörten schon immer dazu", warnt mich mein Begleiter einmal
mehr vor falscher Nostalgie. Neben ˙ Himmelsbach sorgen
Naschmarkt-Urgesteine wie der winzige, aber prall sortierte
Nobelgreißler Urbanek, an dessen Stehtischen das Sehen-und-
Gesehen-Werden mit Hingabe zelebriert wird, das Käseland
mit seinen zweihundert Käsesorten, die selbstverständlich
direkt vom Laib heruntergeschnitten werden, der edle Fein-
koststand Pöhl sowie der Essigbrauer und Kaffeeröster Erwin
Gegenbauer für eine Auswahl an Spezialitäten, die in dieser
Dichte einzigartig ist.

Gegenbauers Stand ist typisch für die Entwicklung des
Naschmarkts vom „normalen" Markt zur Gourmetmeile: Der
Großvater verkaufte hier einst Sauerkraut und Einlegegemüse,
der Vater expandierte. Er erfand nicht nur die erste vollauto-
matische Gemüseabfüllanlage Österreichs, sondern auch die

von Wiens Würstelständen nicht wegzudenkenden Ölpfefferoni – die Idee hatte er von den serbischen Gastarbeitern der Firma übernommen. Als 1992 Erwin Gegenbauer den groß gewordenen Familienbetrieb übernahm, blieb dort kein Stein auf dem anderen: Der junge Erwin war ein begeisterter Koch, liebte feine Weine, hatte sich als Praktikant in friulanischen Kleinröstereien profundes Wissen über Kaffee angeeignet und schon als Kind verschiedene Essigkulturen gezüchtet – die Konservenindustrie passte einfach nicht zu ihm. Er schrumpfte sie zur kleinen Essigbrauerei, deren Produkte heute weltweit von Spitzenköchen wie Alain Ducasse geschätzt werden.

Gegenbauers Neugründung kam zur richtigen Zeit: „In den Neunzigerjahren begann der Naschmarkt gerade wieder zu boomen", erzählt Erwin Gegenbauer, der mit äußerster Konsequenz das Maximum an Qualität aus seinen Produkten herausholt, egal ob es sich um Wiener Bier aus alten Getreidesorten wie Emmer und Einkorn handelt, um Obstsäfte, für deren Verkostung er Weingläser empfiehlt, oder um die Essige aus Säften von Melonen, Feigen, Marillen, Paprika, feinen Weinen oder Himbeeren. Stillstand ist nicht Gegenbauers Sache: Bei der Essigerzeugung übrig gebliebene Himbeerkerne brachten ihn auf die Idee einer Ölmühle. Anderthalb Tonnen Himbeeren braucht es, um einen Liter Himbeerkernöl herzustellen – eine exquisite Angelegenheit. Preisgünstiger ist dafür das „Tschopperlwossa", ein Erfrischungsgetränk auf Himbeeressig-Basis, das fruchtig, aber eben nicht picksüß schmeckt. Mit seiner kleinen Kaffeerösterei belebt der Essigbrauer eine alte Tradition neu: In den 1950er-Jahren gab es noch zwölf Röstereien auf dem und um den Naschmarkt. „Damals gehörten auch die Nebengassen der Wienzeile zum Markt", erinnert sich Erwin Gegenbauer, in den mehrstöckigen Kellergeschoßen der umliegenden Häuser vertrieben griechische und italienische Großmarkthändler ihre Waren.

Gurkenleo

Florian und ich spazieren weiter stadtauswärts. Beim „Gockelhahn" kommt Florian angesichts der Qualität des Geflügels wieder ins Schwärmen, Entenfilets, Wachteln, Gänselebern, Hasen, Kaninchen, Weidegans, Reh und Hirsch sind hinter dem Glas präsentiert, alles eingehüllt in eine Duftwolke von gebratenem Geflügel. Noch mehr Obst und Gemüse, noch mehr Fisch gibt es im würdevoll patinierten „Obsteck"-Stand und gegenüber im „Fischviertel", wo man Zackenbarsch und Seeteufel im Ganzen kaufen kann – dem nicht gerade hübschen Tiefseeräuber kann man sonst nur selten ins Auge sehen, da der Kopf meist vor der Präsentation in der Vitrine abgeschnitten wird.

Beim legendären Stand vom „Gurkenleo" werden nach wie vor Sauerkraut und eingelegte Gurken aus Holzfässern gefischt, doch mittlerweile nur mehr am Rande des eigentlichen Geschehens: Allerweltskäse und Trockenfrüchte sind jetzt im Zentrum. „Bald wird man auch hier Wein oder Prosecco trinken können", prophezeit Florian. Ganz wie in der Weinbar in der Nebenzeile, wo man vor Kurzem noch bei einem Inder zwischen unzähligen Reissorten wählen konnte.

Hinter der Schleifmühlgasse wartet der Stand von Gabriele und Karl Kuczera, die eine eigene Gärtnerei in Simmering betreiben und das selbst produzierte Angebot durch gut ausgewähltes zugekauftes Gemüse ergänzen, so wie der Stand von Mario Berber gleich gegenüber: „Da gab es schon Koriander, als noch niemand Koriander cool fand", weiß Naschmarkt-Führer Florian.

Je weiter wir stadtauswärts wandern, desto einheitlicher wird das Angebot: Vitrinen voller Antipasti, Gewürzsackerln und den immer gleichen Bergkäse- und Gouda-Laiben wirken wie Monokulturen, von links und rechts werden uns Oliven oder in Öl eingelegtes, mit Frischkäse gefülltes Gemüse angeboten. Wie sich die alle halten können? „Das kauft doch kein Mensch, dafür ist es auch nicht da. Der Lebensmittelverkauf rechtfertigt aber die Gastronomie, irgendwann können sie ein paar Hocker aufstellen und Getränke ausschenken, und damit verdient man hier richtig Geld", so Florian.

Dabei hat hier vor ein paar Jahren alles so gut begonnen mit der Gastro-Meile am Naschmarkt, die parallel zu den Lebensmittelständen verläuft. 1997 kaufte ein türkischer Greißler namens Dogan einen winzigen Würstelstand und baute ihn zum seither brummenden DO AN aus – „die Keimzelle des coolen Naschmarkts" nennt Florian das Lokal, in dem heute nichts mehr an einen Würstelstand erinnert. Ein türkischer Bäcker eröffnete 2001 das Naschmarktdeli, wenig später kamen Tewa, aus einem Bio-Laden hervorgegangen, und Orient&Occident dazu. Gemeinsam mit dem weltstädtisch-israelisch kochenden Neni bilden sie eine Lokalmeile, in der Musik und Essen gut sind, die Kunden entspannt, die Getränkekarte auf dem neuesten Stand. Schade, dass gerade die interessanten Lebensmittelhändler in der parallelen Ladenstraße immer dünner gesät

Spaziergang mit Florian Holzer

sind … „Irgendwie gibt es hier gar keinen Naschmarkt mehr", könnte man mit Florian meinen, der mir noch die Toiletten des traditionsreichen, wenn auch kürzlich neu übernommenen Naschmarkt-Lokals „Zur eisernen Zeit" empfiehlt – „Die sind großartig!" –, bevor er sich verabschiedet.

Ich setze den Weg Richtung stadtauswärts allein fort, vorbei an einander ähnlichen Ständen mit Oliven, Trockenfrüchten, Gewürzsackerln, Prosciuttodatteln, Zopfkäse, mit Frischkäse gefülltem Ölgemüse. Doch auch hier gibt es Gutes, Ayurveda Naturkost zum Beispiel, wo man derzeit zwischen verschiedenen Kochbananensorten wählen kann, im Sommer dann zwischen Alfonsino-, Honig- und noch anderen Mangos, die auf der Zunge zergehen und nichts mit dem faserigen Zeug zu tun haben, das einem sonst unter diesem Namen verkauft wird. Oder der Obst- und Gemüsehändler Özyürek auf Stand 609–610: So soll ein Naschmarkt-Gemüsestand ausschauen, überquellend von Obst und Gemüse aus aller Welt, betreut von schnellen, kompetent-eloquenten Verkäufern.

Vorbei an der riesigen Problemstoffsammelstelle, deren Standort in unmittelbarer Nähe zu den Otto-Wagner-Häusern nicht gerade von besonderer Sensibilität gegenüber dem Ensemble zeugt, erreiche ich den Landparteienplatz und frage mich dabei, wer nun bei den Diskussionen um den Naschmarkt recht hat: das Marktamt, das den seit der Wirtschaftskrise von 2008 etwas prekären Standpunkt vertritt, der Naschmarkt „regle sich von selbst", oder die kritischen Bürger und Politiker, die sich vom Marktamt konkrete Maßnahmen erwarten, um ihn davor zu retten, zur eh hübschen Fressmeile zu werden.

Heute liegt der Platz als leere Fläche vor mir, an Samstagen erwacht er zu quirliger Lebendigkeit: Da ist Bauernmarkt, und der gehört zum Besten, was der Naschmarkt zu bieten hat. Die Seewinkler Gärtnerin Helene Ziniel steht da gleich zu Beginn mit ihren Kräutern, Gemüse-Raritäten aller Art und fantastischen Salaten, die man aber nicht berühren soll, will man sich nicht den Zorn der sonst so herzlichen Gärtnerin zuziehen, die auch einen Laden mit Produkten von Seewinkler Bauern in der Kettenbrückengasse hat. Bei Helwin Hinke aus Dörfl gibt es Käse und andere Milchprodukte, kaes.at ist mit einem Stand vertreten, die Gärtnerei Bioschanze, bei der man im Frühling Pflanzen aller Art kaufen kann, die Biohöfe Rapf und Binder, die Fischbauern, Holzofenbäckereien, die hervorragende Imkerei Preissl-Neuburger aus Tribuswinkel, Bauernstandln wie derjenige von Andreas Stadler aus Tottendorf, die von „glücklichen" Hühnern über selbst gemachte Würste bis zum eigenen Schafkäse und Bauernbrot alles selbst produzieren und zur Wildsaison auch einmal den einen oder anderen Feldhasen oder Frischling mit dabeihaben, und eine ganze Kohorte burgenländischer Fleischhauer, darunter die beiden Stände der Familie Spadt, die in drei Generationen vertreten ist und bei der man neben trocken gereiftem Rindfleisch und seltenen Stücken wie Kronfleisch immer wieder auch Ziege, Reh, Innereien, Kaninchen, Lammfleisch und die volle Palette an Wurstwaren in bester Qualität bekommt. Gut, ich bin vielleicht nicht objektiv – da mich Großmutter Spadt immer mit „Junger Herr" anredet, habe ich nun einmal eine Schwäche für diesen Stand.

Wie auch für die Gärtnerei Jakubek, die ich im Herbst besucht habe, am Ende eines schwierigen Jahres, das mit einem viel zu kalten Frühjahr begonnen hat. „Schauen Sie selbst", sagt die Mutter der Chefin, Christine Hingel, und drückt mir einen Idared-Apfel in die Hand, während wir durch die Baumreihen schreiten. Achthundert Apfelbäume hat sie selbst vor über dreißig Jahren in der Simmeringer Gärtnerei gesetzt. Fast sieht der Ring, den der etwas unregelmäßig geformte Apfel trägt, wie eine Verzierung aus: Frostringe, erklärt mir die Gärtnerin, die seit fünfundvierzig Jahren jeden Samstag auf dem Bauernmarkt beim Naschmarkt steht. Sie seufzt beim Anblick der leeren Bäume. Ein später Frost in diesem

Obsteck

Jahr hat Blüten und junge Früchte vieler ihrer Bäume schwer beschädigt. Die fünfhundert Pfirsichbäume sind völlig leer, die Apfelbäume tragen nur vereinzelte rote Äpfel Idared, ein paar Rubinetten sind auch dran. Bei den Birnen sieht es eine Spur besser aus, etwa die Hälfte der üblichen Ernte konnte sie bei der „Guten Luise" einbringen.

Das Einkommen der Familie wird dieses Jahr geringer sein als sonst. Doch so richtig aus der Ruhe kann die Gärtnerin auch das nicht bringen: Schwierige Zeiten hat die Gärtnerei schon viele zu überstehen gehabt, seit ihre Großeltern sie gegründet haben.

Mittlerweile hat die vierte Generation die Leitung übernommen: Tochter Regina Jakubek, die ihre Mutter auch schon seit dreißig Jahren auf den Markt begleitet, führt den Betrieb mit viel Schwung und Energie, und es sieht so aus, als sei die Tradition auch für die fünfte Generation gesichert. Ihre Tochter, die bereits ausgebildete Konditorin ist, wird demnächst in den Betrieb einsteigen. Die Jakubeks planen gerade an einem Zubau, in dem es auch eine Backstube geben wird: Was liegt näher, als die Produkte der Gärtnerei gleich an Ort und Stelle zu verarbeiten?

Der Fantasie sind dabei nur sehr weite Grenzen gesetzt. Allein neunzehn Apfelsorten hat Großmutter Christine damals gepflanzt und lässt mich einen Golden Delicious kosten, eine Sorte, die ich immer langweilig süßlich fand. Kein Vergleich zu diesen hier: Die Jakubek-Delicious sind kleiner als gewohnt, knackiger, die Süße nicht so aufdringlich. Freilich: Frisch vom Baum schmeckt fast jeder Apfel gut. Das wissen auch die Diebe, die in den letzten Jahren immer wieder in der Nacht über den Zaun stiegen, der nun ein gutes Stück höher gemacht werden musste. „Dabei gibt es eh auch Direktverkauf bei uns, und teuer ist unsere Ware wirklich nicht", schüttelt Chefin Regina den Kopf, die mich nun weiter durch das

In der Gärtnerei Jakubek, Frau Hingel

weitläufige Gelände der Traditionsgärtnerei führt – „Wir gehören aber zu den kleinsten Simmerings", betont sie. Als ich gerade ein paar Isabella-Trauben in der Hand habe, aus denen Uhudler gemacht wird, die aber auch „einfach so" besonders gut schmecken, kommt Vater Hingel vorbei: Er ist Experte für asiatische Gemüsesorten, züchtet Bittermelonen, endlos lange Fisolen, Kräuter und fast schon schraubenzieherförmige Schlangengurken. Die Kürbisse sind bereits geerntet, in den Gewächshäusern stehen Rüben in Reih und Glied, Paradeiser, teils alte Sorten wie „alte Mercedes" oder Ochsenherz liegen zum Verkauf bereit. Regina muss weiterarbeiten: hübsche Zweige mit verschiedenfarbigen Blättern und bunten, harten Beeren bindet sie zu herbstlichen Sträußen. Äpfel werden sie heuer nicht mehr lang verkaufen können, doch im Hause Jakubek weiß man sich zu helfen.

Naschmarkt: Montag bis Samstag, 6–19:30 Uhr
Bauernmarkt: Samstag 7–14 Uhr

Zum Vertiefen

www.wienernaschmarkt.eu
www.fisch-gruber.at
www.umarfisch.at/fischshop.shtml
www.kaeseland.at
www.gegenbauer.at
www.poehl.at
www.fischviertel.at
www.kuczera.at
www.bauernladenhelene.at
www.gaertnerei-jakubek.at
Imkerei Preissl-Neuburger: buckfast-urquell.at

6. Mariahilf

Back in Gumpendorf

Mariahilf hat nicht nur den Naschmarkt, sondern noch zwei kleinere Märkte: Dreimal die Woche gibt es Marktstände vor der Mariahilfer Kirche, an Donnerstagen den Gumpendorfer Markt, der bereits im 19. Jahrhundert existierte, zwischenzeitlich verschwand und nun von Anrainern zurück ins Leben gerufen wurde.

Donnerstags gehen Claudia und Monika immer fremd. Da bummeln die zwei Fleischhauer-Meisterinnen der in Wien unter anderem für ihre Leberkäs-Variationen weltberühmten Fleischerei Ringl zum hübschen Platz vor der Gumpendorfer Pfarrkirche gleich nebenan. Dort treffen sie den Wachtelbauern Manfred Seeböck, der nicht nur Wachteln und deren Eier verkauft, sondern auch Wachteleier-Kardinalschnitten, und zwei davon sind immer für die beiden Fleischhauerinnen

Manfred Seeböck

reserviert. Es kann schließlich nicht immer nur Leberkäse sein, und wenn er noch so gut ist.

Sechsunddreißig Eier braucht es für so eine Kardinalschnitte, doch die Arbeit lohnt sich: Die Eier der kleinsten aller Hühnervögel sind nicht nur gesünder als „normale" Hühnereier, sie schmecken auch einfach besser. Hübsch sind sie außerdem mit ihrem Tarnmuster, doch der Eindruck, bei den Wachteln gleiche kein Ei dem anderen, täuscht: „Die Eier sind der Fingerabdruck einer Wachtelhenne", hat mir Manfred Seeböck einmal erklärt, als ich ihn auf seinem Bauernhof in der Nähe von Wilhelmsburg besucht habe. „Jede hat ihr eigenes Muster, das immer gleich aussieht." Ganz schön eigenwillige Vögel, diese Wachteln.

So wie ihr Herrchen. Das haben nicht immer alle positiv gesehen: „Für die meisten war ich einfach ein Spinner", erzählt Manfred Seeböck über die Zeit der Gründung seiner „Wachtelei" vor sechs Jahren. Das niederösterreichische Alpenvorland ist von behäbigen Vierkanthöfen geprägt – der Plan, eine Existenz auf so kleinen Tieren wie Wachteln aufzubauen, klang für viele Menschen dort einfach lächerlich. Wie zum Trotz lautet Seeböcks Motto, das auf jedem seiner Produkte prangt: „Es kommt nicht auf die Größe an." Wie sehr das stimmt, merkt man als Besucher sofort nach der Ankunft: Das beeindruckend wilde Geschrei, mit dem einen die Wachtelhähne empfangen, würde man den höchstens zwanzig Zentimeter langen Tierchen niemals zutrauen. Seeböck hält das stimmgewaltige, aus einer Kreuzung von japanischen und französischen Vorfahren hervorgegangene Geflügel in geräumigen Ställen. Gemeinsam mit Bio Austria arbeitet er derzeit Richtlinien zur biologischen Wachtelhaltung aus – die gibt es derzeit nämlich noch nicht. Dabei ist er voll in seinem Element: Das Tüfteln, Basteln und Ausprobieren von Neuem kennzeichnet den Werdegang des Wachtel-Bauern, der früher einmal Modelle für Lilienporzellan herstellte, später in die Autoindustrie wechselte. Als er diesen Job durch die Wirtschaftskrise verlor, machte er sich selbstständig und investierte das Ersparte in den eigenen Betrieb. Wachteln faszinierten ihn schon lang – sie sollten nun die Basis für eine neue berufliche Zukunft werden. Dabei sind die Wachteln nur ein Teil davon, sein 1918 erbauter Hof präsentiert sich wie eine Art Themenpark für selten gewordene oder überhaupt vom Aussterben bedrohte Nutztierrassen. Die Ställe für Wachteln, Perl- und Fleischhühner hat Seeböck selbst in den ehemaligen Kuhstall eingepasst. Im Stall tummeln sich aber auch Vertreter verschiedener Kaninchenrassen, vom grauen Riesen bis zum Dalmatiner, sowie rotfellige Pietrain- und Turopolje-Schweine.

Im Freiland hält Seeböck hundertfünfzig Hühner, deren Eier einen unterschiedlich stark ausgeprägten Grünstich aufweisen: Zur Schar gehören auch einige Araucana-Hennen, die sattgrüne Eier mit geringem Cholesteringehalt legen, doch die Rassen, von französischen Marans bis zu amerikanischen Rhodeländern, haben sich längst kunterbunt gemischt. Auch Puten, Enten und Gänse leben in einer Bilderbuch-Landschaft am Rand einer Streuobstwiese – bis November, da warten Martinstag und Thanksgiving. In die spätestens zu Weihnachten frei werdenden Ställe ziehen über den Win-

In der Wachtelei

ter Kärntner Brillenschafe und Pinzgauer Strahlenziegen, selten gewordene alpine Rassen.

So kommt ein erstaunlich vielfältiges Sortiment an Produkten zusammen, das der ursprünglich auf Wachteln, Saft und Schnaps spezialisierte kleine Betrieb Woche für Woche unter die Leute bringt: Fleisch von der Wachtel und von Geflügel wie Freilandpute, Perlhuhn oder Weidegans, Kaninchen, Wachtel Jausenwürstcl, Speck vom Turopolje-Schwein, Hühnereier in Schattierungen zwischen dunkelgrün und hellbraun, Obstbrände und Fruchtsäfte, vor allem aber natürlich: Wachteleier in allen erdenklichen Formen, roh im Zwölferpack oder gekocht, geschält und mit Chili, Zitronengras oder Kräutern eingelegt, Wachtelei-Nudeln aus Buchweizen oder Dinkel, Wachteleierlikör und Wachteleierlikörschokolade.

Vieles davon ist aus der Not heraus entstanden. Alle achtzehn Stunden legt eine Wachtelhenne ein Ei, da kommt schon einiges zusammen. „Ich wusste nicht mehr, wohin mit den vielen Eiern. So habe ich zu experimentieren begonnen“, erzählt Manfred Seeböck. Bei der Arbeit hilft die ganze Familie: Fünftausend der äußerst haltbaren Eier lässt Seeböck zusammenkommen, dann geht es ans Kochen, Schälen und Einlegen.

Durch ein Panoramafenster im selbst gebauten Hofladen schweift der Blick von der Wachtelei und ihren weidenden Tieren über das sanft gewellte, von Streuobstwiesen, Äckern und kleinen Wäldern überzogene Land. Stattlich thront ein riesiger, offenbar mehrmals erweiterter Vierkanter auf einem Hügel gegenüber. „Der hat mehrere tausend Schweine gehabt“, so Seeböck. „Doch niemand wollte den Hof übernehmen.“ Seit fünfzehn Jahren steht er nun leer – es kommt eben nicht auf die Größe an. Am Donnerstag lädt Manfred Seeböck immer eine bunte Auswahl von Wachtelei-Produkten in seinen kleinen Transporter und tuckert nach Gumpendorf, wo ihn seine Stammkunden erwarten. Auf der Hecktür steht: „Fahren Sie mir nicht auf die Eier.“

Der Gumpendorfer Wochenmarkt gilt auch vier Jahre nach seiner Gründung noch als Geheimtipp. „Nach wie vor kommen immer wieder überraschte Anrainer, die uns noch nie gesehen haben", erzählt Manfred Seeböck. Freilich: Groß ist er wirklich nicht, der donnerstägliche Wochenmarkt auf dem Kurt-Pint-Platz vor der Pfarrkirche im Herzen der alten Vorstadt Gumpendorf, die seit 1850 zum sechsten Wiener Gemeindebezirk gehört. Viele kennen den Platz vom Vorbeifahren, und genau das ist das Hauptproblem des ganzen Grätzels: Die Gumpendorfer Straße ist eine wichtige Durchzugsstraße zwischen Gürtel und Ring, und wie auf den meisten Durchzugsstraßen vertrieb der Verkehr die Leute von den Gehsteigen und ließ mehr und mehr Geschäftsleute aufgeben. Als Ideen zur Belebung der vor urdenklichen Zeiten einmal eleganten, von einer Straßenbahn befahrenen Einkaufsstraße gesammelt wurden, regten Anrainer einen Wochenmarkt an. Die Gebietsbetreuung griff den Gedanken auf, leistete Überzeugungsarbeit und siehe da: Im Rahmen eines Probebetriebs wurde der Markt getestet, an der

Martin Buranek

Produktpalette gefeilt, um den vorhandenen Kaufleuten keine Konkurrenz zu machen – und der Erfolg war durchschlagend.

Man merkt es dem kleinen Markt an, wie gut durchdacht sein Konzept ist und mit wie viel Engagement die Standler bei der Sache sind. Martin Buranek etwa, der Mann hinter der „Käsehütte Stix". Auch er ist wie sein Kollege von der „Wachtelei" durch die Wirtschaftskrise vor der Situation gestanden, sich eine neue Existenz aufbauen zu müssen. Der Werkzeugmacher ist als Kind schon immer mit seinem Vater, einem Imkermeister, auf Märkte gefahren, vor allem auf den Schlingermarkt in Floridsdorf. 2009 kehrte er zu seinen Wurzeln zurück und begann, seinen eigenen Honig unter der Marke „Bienenweg" zu verkaufen. Einmal stand er zufällig neben einem Käsestandler, man kam ins Gespräch – und schon war der Lieferwagen des altgedienten Neo-Imkers voller Käselaibe, „zum Ausprobieren". Heute verkauft er, der seinem Bienenweg-Honig treu geblieben ist, eine Palette von Käsen, die sich wohltuend vom etwas uniformen Angebot anderer

Bio Pichler

Märkte abhebt: Brennnessel- und Chilikäse, hervorragenden Räßkäse, lang gereiften Bergkäse, Heukäse, Ziegenbutterkäse, reifen Gouda, aber auch Dirndl-Produkte aus dem Pielachtal, Melker Schafjoghurt oder Kaspressknödel, die seine Frau selbst macht. Oder die Ravioli einer Nachbarin, die unter der Marke „Frische Pasta" stets unterschiedlich gefüllte Teigwaren herstellt – ein schnelles und doch „hausgemachtes" Abendessen hat man so in drei Minuten auf dem Tisch stehen.

Gegenüber der Käsehütte, die schon mehr ein Käse-Mobile-Home darstellt, ist der Stand der Obst- und Gemüsehändlerin Ilse Slavik, die die Produkte einer Bauerngemeinschaft aus dem Wienerwald vertreibt. Vieles davon ist bio, und noch wichtiger: Alles ist aus der Region – ein idealtypischer Gemüsestand mit schön präsentierter und von Ilse Slaviks Sohn freundlich angepriesener Ware. Und nicht einmal teuer!

„Naturfisch" aus dem Yspertal wird unter der Marke „Honiglachs" angeboten – auch wenn es sich dabei eher um Forellen, Saibling oder Karpfen im Ganzen oder als Filets handelt.

Und last, not least: Manfred Pichler aus Mank verkauft in Gumpendorf Produkte aus dem eigenen Biogetreidebau. Nudeln, Brot, Kekse und Kuchen aus Dinkel macht er selbst, nicht zu vergessen die hervorragenden Dinkelweckerl und -rehrücken. Öl von den eigenen Sonnenblumen, Honig, ein paar Fleisch- und Wurstprodukte vom Nachbarn und eigenes Gemüse runden das Angebot ab. Demnächst bei ihm zu haben: sein „Nudelbuch".

Gumpendorfer Wochenmarkt: Kurt-Pint-Platz, 1060 Wien
Donnerstag 10–18 Uhr

Zum Vertiefen
www.diewachtelei.at
www.frischepasta.at
www.bienenweg.at
www.honiglachs.at
www.biopichler.at

Der Mahü-Markt

Gut, so nennt ihn keiner, aber vielleicht wird's noch – Mariahilf ist ein mit Märkten gesegneter Bezirk, neben dem sehr großen und dem sehr speziellen kleinen gibt es noch einen dritten in Mariahilf, direkt an der Mariahilfer Straße: einen temporären Markt vor der Mariahilfer Kirche mit wechselndem Angebot. Lehners Speckstandl und ein Gemüse- und Obststand sind aber meistens mit von der Partie.

Vor der Mariahilfer Kirche:
Montag, Mittwoch, Freitag 9–18:30 Uhr, Samstag 9–17 Uhr

Zum Vertiefen www.speckstandl.at

7. Neubau

Einzigartig in Neubau

Fleisch, Gemüse, Obst und Fisch – das bekommt man auf den meisten Märkten Wiens, aber Coq au Vin? Den gibt es nur auf dem Lerchenfelder Bauernmarkt. Der längst in Wien heimisch gewordene Pariser Claude Tasnon nennt so seine französische Delikatessenhandlung in der Burggasse, die freitags auf den sympathischen Bauernmarkt vor der Altlerchenfelder Kirche übersiedelt. Auch wenn Claude das berühmte französische Schmorgericht nicht im Angebot hat, führt der Name nicht in die Irre. Neben einer erlesenen Auswahl an gar nicht immer teuren französischen Weinen verkauft er jede Menge Geflügel: Confierte Entenkeulen zum Beispiel, in Schmalz eingegossen, im praktischen Schraubglas: Aus dem Fett nehmen, kurz unter dem Grill im Backrohr oder einfach in der Bratpfanne knusprig werden lassen – fertig ist der Festschmaus, und wer es stilecht haben will, brät im übrig gebliebenen Schmalz geviertelte ungeschälte Erdäpfel als Beilage dazu und nennt sie „pommes

Lerchenfelder Bauernmarkt

sarladaises" – voilà, macht Eindruck, und das bei minimalem Aufwand. Außerdem gilt das Entenfett ja geradezu als gesundheitsfördernd und Teil-Erklärung für das French paradoxon, also keine Angst vor dem Schmalz! Für die passende Weinbegleitung ziehe man Monsieur Tasnon zu Rate, kompetentere und freundlichere Gesprächspartner wird man zum Thema nicht so schnell finden. Noch einfacher zubereitet ist der fixfertige südwestfranzösische Linsen-Wurst-Eintopf im Glas, und wer gar nicht kochen will, der macht sich eben eine Dose mit Gänse- oder Entenrillettes auf. Es ist so leicht, wie Gott in Frankreich zu leben! Auch die richtigen sauren Cornichons, wie sie Franzosen zu ihren Rillettes lieben, bekommt man beim Coq au Vin. Wer kein Baguette zur Hand hat, kann gleich gegenüber bei Direktvermarkter Bscheider frisches Bauernbrot kaufen, heute ist die Seniorchefin hinter der Budel: Sulmtaler Hühner, Wurst in allen Variationen, Lamm- und Schweinefleisch, fertige Knödel, Sauerkraut, Kuchen und eben Brot – die Steiermark bietet eine schöne Ergänzung zum französischen Einstieg in den kleinen, aber lohnenden Markt, den einzigen in ganz Neubau. Der Biohof Adamah hat seine Feinkostabteilung mitgebracht. Brot von Joseph, Schinken von Thum, Käse von ausgewählten Bio-Produzenten, Mühlviertler Mühlstein-Salami, und daneben natürlich die eigene Produktion: durch die Bank hervorragendes Bio-Obst und -Gemüse aus Glinzendorf im Marchfeld, das nur im Winter, wenn außer ein paar Knollen und Wurzeln nicht mehr viel aus der Eigenproduktion übrig ist, durch die Waren ausgesuchter Bio-Betriebe aus südlicheren Gegenden ergänzt wird. Noch mehr Käse, außerdem Speck und geräucherte Würste hat ein Stand mit Vorarlberger und Tiroler Produkten, die Fischbauern verkaufen Seesaibling, Blumen gibt es auch. Die Weinviertler Winzerfamilie, die normalerweise Weine, Fleisch und Obst verkauft, ist heute nicht zugegen, schade, dafür entdecke ich einen neuen Stand, den ich bei früheren Besuchen nicht bemerkt habe:

„Der Olivenladen" ist Spezialist für kalt gepresste Olivenöle aus verschiedenen Regionen Griechenlands, Oliven, teils in Salzlake, teils sonnengetrocknet und besonders intensiv schmeckend, Mandeln, Pistazien, Linsen und Bohnen aus Griechenland. Und neu im Programm: Kakaonibs von Caucawa, dem „ehrlichen" Kakaohändler aus Österreich mit Sitz in Neubau – quasi ein einheimisches Produkt. Man kann die Nibs, wie ich in der Markterei gelernt habe, übers Müsli streuen, beim Olivenladen mischt man sie mit zerquetschten getrockneten Datteln und formt kleine Kugeln daraus. Das schmeckt nicht nur intensiv fruchtig, feinherb und süß, man spürt auch die konzentrierte Energie, die in diesen kleinen Bällchen steckt – da wirken die Entenschmalzgerichte von vorhin doch fast wie leichte Küche.

Monsieur Tasnon

Lerchenfelder Bauernmarkt: vor der Altlerchenfelder Kirche, Ecke Lerchenfelderstraße/Schottenfeldgasse, jeden Freitag 8–18 Uhr

Zum Vertiefen
www.lerchenfelderstrasse.at/lerchenfelder-bauernmarkt
www.adamah.at
www.lecoqauvin.eu
www.caucawa.at
www.olivenladen.at

8. Josefstadt

Es kommt nicht auf die Länge an, Teil I

Samstags wird die Lange Gasse in der Josefstadt zum Biomarkt.

Apfelstrudelhonig. Wer Zweifel hat, ob ein Bio-Wochenmarkt in die – eh nicht mehr gar so – gutbürgerliche Josefstadt passt, den wird der Stand des Imkers Stefan Singer eines Besseren belehren. Apfel, Zimt und Haselnüsse mischt er in seinen Wiener Waldhonig und macht so einen „Apfelstrudelhonig" daraus, der wohl nicht nur Hofratswitwenherzen höher schlagen lässt. Ich bleibe dennoch an einem Glas Lindenblütenhonig kleben, bin aber unsicher, ob ich damit das für „Wiener Honig" Typische nicht verpasse. „Für mich ist der sogar der wienerischste Honig überhaupt, wenn Sie so wollen", beruhigt mich Stefan Singer. Und erklärt, dass aufgrund der Klimazonen, die sich in Wien treffen – pannonisch, kontinental, adriatisch –, hier sowohl Winter-, als auch Sommer- und Hybridlinden blühen, was es den Wiener Bienen aufgrund der zeitlich versetzten Blüte erlaubt, länger als anderswo Lindenblütennektar zu sammeln. Die verschiedenen Lindensorten erkennt man übrigens an den Härchen an der Blattunterseite, die früh blühenden Sommerlinden haben hellere – ich nicke kennerhaft, dabei wusste ich bis jetzt noch nicht einmal, dass es überhaupt verschiedene Arten von Linden gibt. Außerdem hielt ich frei nach H. C. Artmann immer Akazien und Kastanien für die „typischen" Wiener Bäume („agazebam und kastanien san weanarische bam!", rief der Dichter) – immerhin gibt es auch davon Wiener Honig, der von der Akazie wird mit Tahiti-Vanille aufgepeppt.

Schon beim ersten Standl auf dem kurzen Abschnitt der Langen Gasse zwischen Zeltgasse und Josefstädter Straße, auf dem jeden Freitag ein Bio-Markt stattfindet, wird deutlich, worum es hier geht: um das Besondere. Hier kauft man

Wiener Honig

zwar eher nicht billig ein, aber ebenso sicher trägt man nicht nur biologische Lebensmittel mit nach Hause, sondern auch solche, die eine Geschichte zu erzählen haben. Der Markt in der Josefstadt gehört zu den jüngsten der Stadt und geht auf eine Initiative zur Belebung des Grätzels zurück. Wie in Margareten oder Gumpendorf greifen die Initiatoren dabei, ob bewusst oder unbewusst, auf eine alte Tradition zurück: Bereits 1837 gab es einen Markt in der Langen Gasse, die dank den Bio-Händlern wieder zu einer ihrer alten, seit Jahrzehnten vergessenen Bestimmungen zurückfindet.

Gleich neben dem Wiener Honig verleiten bei einem Stand namens „Bröselkeks" besonders schöne Mehlspeisen in der genau richtigen Kaffeejausen-Größe zum nächsten Kauf. Bäckerin Christine Rabanser war in einem früheren Leben einmal Medienforscherin, heute erklärt sie mit charmantem Südtiroler Akzent, dem die Jahre in Wien nichts anhaben konnten, woher ihre Rezepte kommen: Ein knusprig umhülltes Gebäck mit Gries-Orangenfüllung stammt etwa aus

Neapel, die kleinen Zitronen-Mandel-Kuchen gleich daneben aus der jüdisch-venezianischen Tradition. Die Herkunft der raffinierten Topfentörtchen habe ich vergessen, aber ohne eine Schachtel „Bröselkeks" zu kaufen, die mindestens genauso gut schmecken, wie sie aussehen, konnte ich an diesem Stand nicht vorbeigehen.

Passend geht es weiter: Michael Prem widmet sich seit einem Jahr dem Single-origin-Kaffee, dessen Produzenten er einmal pro Jahr persönlich in Südamerika besucht. Der Kaffee, den er verkauft, ist nicht nur direkt gehandelt, sondern auch bio: „Allerdings nur bis zum Hamburger Hafen", erzählt Prem. Die österreichische Bio-Zertifizierung ist ihm zu teuer, er investiert das Geld lieber in einen fairen Preis für die Kaffeebauern. Preistransparenz ist ihm wichtig, dies kann man im Webshop nachlesen: Er bezahlt den Produzenten beinahe doppelt so viel, wie für das Fairtrade-Siegel notwendig wäre. Für die Mokkakanne empfiehlt mir der Kaffee-Enthusiast dann aber keinen single origin, sondern

Michael Prem

Jumi

eine Kaffeemischung nach italienischer Art – die Beschreibung „dunkle Schoko, Walnuss, voller Körper" wäre für mich aber auch so ein überzeugendes Verkaufsargument gewesen. Mit ein paar guten Tipps zu Kaffeemühlen und Zubereitungsarten, vor allem aber mit dem wunderbar duftenden Kaffee versorgt ziehe ich weiter und lasse mir von den kompetenten Mitarbeitern von „Biomartin" die breite Käseauswahl – der Schafkäse aus dem Larzac hat die hohen Erwartungen dann noch übertroffen – und die geräucherten und getrockneten Würste eines Vorarlberger Fleischers erklären. Doch auch die Obst- und Gemüseauswahl des am nahen Yppenplatz beheimateten Bio-Großhändlers kann sich sehen lassen.

Einen nur wenige Gassen weiteren Anfahrtsweg als Biomartin hat „Biofisch". Frischere Fische als diese wird man in Wien nicht finden: Die im Waldviertel und in Kärnten biologisch gezüchteten Forellen, Karpfen, Schleien und Saiblinge schwimmen ein paar Tage in stets mit frischem Wasser

97

Bäckerei Öfferl

befüllten Becken in einem
Hernalser Innenhof und
werden dort morgens um
sechs geschlachtet, ehe
sie auf den Markt kom-
men. Die Reinanken sind
Wildfang und werden
vom Fischer persönlich
um zwei Uhr morgens
vorbeigebracht.

Für eine ausführliche
Plauderei an den Ständen des ausgezeichneten Bäckers Öfferl, seit einigen Monaten im Programm jedes Bioladens, der
etwas auf sich hält, und des Biohofs Rapf fehlt mir nun die
Zeit – ein knuspriger Laib „Madame Crousto" von Öfferl
und eine Tasse Cocktailtomaten von Rapf müssen aber auch
noch schnell mit. Und ein Stück Schlossberger vom Jumi-
Stand gegenüber. Seit 2015 betreibt diese unkonventionelle
Schweizer Käsemanufaktur bereits ihr Geschäft in der Josefstadt. Auch während der Woche kann man hier Käse kaufen,
der geschmacklich keine Wünsche zwischen mild, aber nicht
fad, und würzig, aber nicht scharf übrig lässt. Die Käsesorten schmecken nicht nur gut, sondern heißen auch lustig. Ich
wollte ja einen besonders aromatischen Rotschmier-Weich-
käse namens „Abendrot" kaufen, doch der war mir dieses
Mal noch zu wenig gereift. Dafür habe ich einen anderen
gefunden, dessen französischer Name dann doch wieder zur
eleganten Josefstadt passt, aber nur zum Schein: „La bouse",
auf Deutsch: „Kuhflade".

Biomarkt Lange Gasse:
Samstag 9–15 Uhr

Zum Vertiefen
http://wienerhonig-shop.myshopify.com/
www.broeselkeks.com
www.frischkaffee.at
www.biomartin.at
www.biofisch.at
www.brotfinessen.at
www.rapf.com
www.jumi.lu

Josef-Matthias-Hauerplatz

Einmal im Monat, immer am dritten Donnerstag, hat auch der Josef-Matthias-Hauerplatz an der oberen Josefstädter Straße seinen Wochenmarkt, wenn auch einen eher winzigen: Manchmal steht er ganz alleine hier, so wie heute, erzählt Imker Manfred Tex aus Raabs an der Thaya. Normalerweise teilt er sich den Platz mit einem Bauern, der Frischfleisch, Obst und Gemüse verkauft und einem weiteren Waldviertler Stand mit Brot und Kuchen. Einen längeren Anfahrtsweg wird man dafür zwar nicht auf sich nehmen, doch wer in der Gegend wohnt, wird den kleinen Waldviertler Monatsmarkt in der Josefstädter Straße zu schätzen wissen.

Markt am Josef-Matthias-Hauer-Platz:
jeden dritten Donnerstag im Monat, 9–17 Uhr

9. Alsergrund

Dreimal eins macht neun

Historisch war der neunte Bezirk für die Geschichte der Wiener Märkte überaus bedeutsam: Eine der beiden ersten Markthallen der Stadt wurde in den 1860er-Jahren bei der Rossauer Kaserne errichtet. Sie blieb nicht lange stehen. Dafür kann sich der Bezirk mit dem Privileg schmücken, über die letzte historische Markthalle Wiens zu verfügen: die Nussdorfer Markthalle, in den 1990er-Jahren aufwendig renoviert und unter Denkmalschutz gestellt. Der Aufschwung der Wiener Märkte kam für sie jedoch zu spät, im Jahr 2002 wurde sie ausgerechnet zum Supermarkt umfunktioniert. Damit war fürs Erste einmal Schluss mit den Märkten im neunten Bezirk.

Gleichzeitig verfügt der aus mehreren historischen Vorstädten zusammengesetzte, entsprechend kontrastreiche Bezirk auch über einige besonders pittoreske Plätze und Gässchen, und offenbar gab es Menschen, die erkannten, wie positiv sich ein Markt auf diese manchmal fast zu beschaulichen Stadtviertel auswirken kann: An drei der reizvollsten Plätze des neunten Bezirks werden heute Wochenmärkte abgehalten. Gleich zweimal ist es der bewährte, für Wiens Märkte unverzichtbare Biohof Adamah, der ein wenig Leben in die

Sobieskiplatz

ruhigen Gassen bringt: Am Sobieski- und am Servitenplatz zeigt der Biohof, der auch über eine wohlsortierte Feinkost-Schiene verfügt, dass es manchmal nur einen einzigen Anbieter braucht, um auf kleinem Raum einen „richtigen" Markt erlebbar zu machen: Bei Brot vom Waldviertler Biobäcker Joseph, einer großen Auswahl an Käse und Wurstwaren vom Wiener Beinschinken bis zur Mangalitza Wurst, Obst und Gemüse aus eigenem Anbau, das vor allem im Winter durch Produkte ausgewählter Bio-Produzenten ergänzt wird, geht sich schon ein richtiger Marktbummel aus. Dass beide Plätze nicht nur eine hübsche Kulisse bieten, sondern auch ausreichend Infrastruktur zum Treffen mit Freunden danach, sei noch erwähnt – eher verträumt ist die Stimmung auf dem aus der (Biedermeier-)Zeit gefallen wirkenden Sobieskiplatz, eher quirlig in der Servitengasse, die sich in den letzten Jahren zur Ausgehmeile gemausert hat. Bis zur Eröffnung der Rossauer Markthalle im Jahr 1865 verfügte sie über einen eigenen Markt, die Adamah-Stände korrigieren somit den historischen Fehler, diese Gasse am Wochenende so brach liegen zu lassen.

Keine Markthalle, aber doch ein ähnliches Flair findet man an Freitagen im WUK vor, der zum „Werkstätten- und Kulturhaus" gewordenen ehemaligen Lokomotivfabrik, die

Samstägliches Markttreiben

durch eine Hausbesetzung in den frühen 1980ern vor der bereits beschlossenen Zerstörung bewahrt wurde. Der schöne Ziegelbau passt nicht nur zur alternativen Kulturszene, die hier seit der Rettung des Gemäuers blendend gedeiht, sondern eignet sich auch als Rahmen für den kleinen Wochenmarkt, der manchmal im Innenhof, manchmal im überdachten Eingangsbereich des Gebäudes abgehalten wird – je nach Wetter und Zahl der Marktfahrer, die stark variieren kann. Immer dabei ist neben Honig und Wein ein Stand der „sozialen Landwirtschaft Gänserndorf": Bei diesem WUK-Projekt haben Langzeitarbeitslose die Chance, wieder Fuß zu fassen und produzieren ganz in der Nähe von Wien biologische Lebensmittel – selten ist es so leicht, beim Markteinkauf nicht nur sich selbst Gutes zu tun.

Wochenmarkt Servitenplatz: Samstag 8–14 Uhr
Wochenmarkt Sobieskiplatz: Samstag 8–13 Uhr
WUK Wochenmarkt: Freitag 9–17 Uhr

10. Favoriten

Der Sound der Petersilie
Leibniz- und Viktor-Adler-Markt

Ein Markt ist immer ein Fest für alle Sinne: Vor allem im Spätsommer und im Herbst quellen die Obst- und Gemüsestände meist vor erntefrischer Ware über. Käse, Kirschen oder Beeren darf man meistens kosten, bevor man sich für oder gegen den Kauf entscheidet, und auch zu riechen gibt es immer etwas, von frisch duftender Minze bis zu rauchigem Speck. Und auch wenn man natürlich nicht immer alles einfach angreifen darf: Einen Weichkäse nimmt man doch am besten selbst in die Hand, um abzuschätzen, ob er schon weich genug ist, und Kenner klopfen im Spätsommer auf die Melonen, da sie am Klang erkennen, ob die Frucht reif ist oder noch nicht. Dabei ist das Hören der Sinn, der auf dem Markt am wenigsten zum Einsatz kommt, abgesehen natürlich von einem Tratsch hier und einer Preisverhandlung da. Bei einem Wiener Markt ist das jedoch anders: Der Bauernmarkt in der Leibnizgasse, die

Leibnizmarkt

direkt zum Viktor-Adler-Markt führt, ist ein Pflichtbesuch für eher auditiv veranlagte Menschen. Er gilt als Wiens letzter „Schrei-Markt", dessen Standler ihre Ware lautstark anpreisen.

Der Spaziergang von der Quellengasse in Richtung Viktor-Adler-Markt ist ein Klangbad der besonderen Sorte: „Zwa Suppengrün ans zwanzig" oder „Drei Pedasüü an Euro" schreien erfahrene Standlerinnen mit deutlich wienerischem Akzent und grell-jammerndem Tonfall, der durch Mark und Bein geht. Soll er wohl auch. „A Sackerl Mixsolot an Euroo!" – man will die hörbar an ihrer Ware leidende Frau natürlich sofort durch den Kauf von ihrer Pein erlösen. „Än Euro Sackerl, än Euro Sackerl!", preist ein kräftiger Mann schnell und regelmäßig mit tiefer Stimme seine Melanzani an, und allein diesen beiden zuzuhören, macht den Spaziergang zum Konzert. „Bitte meine lieben Damen, a Kilo a Euro", höre ich von weiter weg, weiß aber nicht, welche Ware gemeint ist. „Siaße Weintrauben da Kilo an Euro!" lässt hingegen keine Zweifel offen. „Kilo Champignon zwa Euro jetz!", ruft eine Frau mit slawischem Akzent, auch Eierschwammerl und Zwetschken werden lautstark angeboten, unzählige Klang- und Sprachfarben mischen sich, stoßen zusammen oder harmonieren, manchmal ist eher eine Kakofonie zu hören, dann schon wieder fast eine Fuge. Man kann aber auch einkaufen auf diesem Bauernmarkt, der zwar fest in der Hand von Marktfahrern ist, die nicht selbst produzieren, auf dem aber auch einige Gärtnereien und Bauern aus Wien und seinem Umland vertreten sind. Die Simmeringer Gärtnerei Horvath zum Beispiel, bei deren Stand ich stehen bleibe, weil man in Wien selten so schönen Sauerampfer zu sehen bekommt. Um die einzigartige Auswahl an Kräutern zu bemerken, muss man sich weniger auf die Ohren als auf die Augen konzentrieren: Carmen und Gabi, wie die beiden Frauen heißen, die hier ihre Kräuter an den Mann bringen, schreien nämlich nicht. Den Sauerampfer empfehlen sie übrigens als Bestandteil eines gemischten Salats, sogar ein Obstsalat bekommt eine besondere Note, gibt man ein paar säuerliche Blättchen hinein. Oder man macht eine pürierte Suppe daraus, dann sollte man, um die Säure etwas abzufedern, aber ein paar Erdäpfel mitkochen. Ich werde Sauerampfer-Omelette daraus machen.

Als ein Kunde während unseres Gesprächs über Kochrezepte mit Kräutern und Gemüse den Preis eines Petersil-Sträußchens herunterhandeln möchte, wird Gabi etwas unwirsch: „Wir sind eh so billig, und da wollen manche noch feilschen!" Herschenken will sie die guten Dinge dann auch nicht. „Sie können sich nicht vorstellen, wie streng die vom AMA-Gütesiegel sind! Das ist eh schon fast bio!" Als ihre Eltern noch die Gärtnerei führten, wurde viel sorgloser gespritzt, erzählt sie. Damals gab es kaum noch Schmetterlinge in Simmering, weil deren Wirtspflanzen nicht mehr wachsen konnten. Das habe sich verbessert. Dass die Stadt die Arbeit der alteingesessenen Gärtner so wenig schätzt und stattdessen die Simmeringer Haide am liebsten völlig mit Wohnbauten zupflastern möchte, schmerzt die lang gediente Gärtnerin. Ehe Carmen die Kisten wegräumt – ich bin spät dran und hier ist zu Mittag Schluss –, kaufe ich noch rasch ein paar rote Paprika, die grünen sind mir zu bitter. Gabi geht es ähnlich. „Und stellen Sie sich vor, ich koche seit Jahrzehnten gefüllte Paprika und nehme immer die grünen, obwohl ich sie nicht mag, weil es immer geheißen hat, dass die Sauce nur dann gut wird. Und neulich habe ich rote genommen, und was soll ich sagen: Die Sauce wird genauso gut, und die Paprika schmecken viel besser …" Gabi lacht über ihren jahrzehntelangen Irrtum, muss jetzt aber wirklich einpacken. Eine gute Idee, wieder einmal gefüllte Paprika zu machen. Rote natürlich! Durch die Klangwolke des Leibnizmarktes spaziere ich zum 1877 gegründeten Viktor-Adler-Markt, der bekannt ist für seine vielen südosteuropäischen und türkischen Händler, für Sarma-Kraut,

Frau Luise

Gewürze und eingelegtes Gemüse. Doch statt vor einem Regal voller Gewürze aus Tausendundeiner Nacht finde ich mich plötzlich vor einer Auslage, die eher eine Zeitreise ist als eine auf der Landkarte: „Priversek hat für Sie täglich schlachtfrisch Innereien und Rindskopffleisch" lese ich in eleganten Nachkriegs-Schriftzügen auf einem Marktstand, und die Auslage hält, was der Slogan verspricht. Seit dreißig Jahren ist Frau Luise hier für den Verkauf zuständig. Bei Innereien bin ich kein Experte, lasse mir von Frau Luise daher gern ihre Produkte erklären: „Zahnderl" nennt sie die tatsächlich äußerst rauh aussehenden Stücke vom Rindermagen, den sie für den Fall empfiehlt, dass man Ochsenmaulsalat machen möchte, aber kein Maul bekommt. Eine interessante Situation, in die ich noch nie gekommen bin. „Manche kochen das auch und panieren es dann", erzählt Frau Luise, „ist aber nicht meins." Schlund, das ist eher als Hundefutter gedacht, es gibt aber auch Kunden, in deren Heimatland das eine begehrte Spezialität darstellt, was sie exotisch findet. Sie führt auch Herzzapfen, in Frankreich als *onglet* zum Kurzbraten hoch geschätzt, Kleinfleisch vom Kopf oder „Spatzen", wie sie die kleinen, zart marmorierten Stücke vom Rindernacken nennt – „Da können Sie hervorragende kleine Schnitzerln draus machen." Zunge gibt es, Ochsenschlepp, Wangerl – und alles zu Preisen, die man getrost konkurrenzlos nennen kann. Es ist eben nicht so beliebt, dieses Fleisch jenseits von Hochrippe und Beiried. Auch ihre Familie würde kein Wangerl essen wollen, erzählt Frau Luise und lächelt verschmitzt. „Aber mein Gulasch, darauf fliegen sie." Und das ist natürlich aus Wangerl, denn diese Zartheit und diesen Schmelz bietet kein anderes Stück. Beim üblichen Wadschunken, da könne man Glück haben oder Pech, und dann ist das Gulasch voller Flachsen. Eine ältere Dame gesellt sich zu uns, wir plaudern über Gulaschrezepte. Der gemeinsame Nenner lautet: Gleich viele Zwiebeln wie Fleisch, und zwar Wangerl. Geheimnis gibt's abgesehen davon keines: Nicht zu heiß anbraten soll man die Zwiebeln, sondern ihnen Zeit lassen. Wenn sie schön glasig sind, Paprika einrühren, mit Essig ablöschen, dann das Fleisch dazu und zwei bis

Margarete Turecek

drei Stunden köcheln lassen. Ein bisschen Majoran passt gut. Die Kundin gibt die letzten zwanzig Minuten geschälte Erdäpfel hinein, Frau Luise serviert Semmelknödel dazu oder einfach ein frisches Wachauer Laberl, „Wissen S', wie guat des is?"

Ich gehe etwas hungriger weiter, diesmal nicht den Ohren, sondern der Nase nach: Dort, wo es am besten duftet, findet man Frau Turecks Geflügelstand, seit Jahrzehnten eine Institution: Als ihre Mutter den Stand im Jahr 1947 eröffnete, war Margarete Turecek vier – und seither ist dieser Stand ihr zweites Zuhause. 1973 hat sie ihn übernommen. Dass ihre Kunden oft weite Wege auf sich nehmen, verwundert angesichts des Angebots nicht: Freilandhühner aus dem Waldviertel, aber auch Straußensteak und -gulasch, Ganslfett und Gänseleber, Hühnerstutzerln, -herzerln, -lebern, Poularden oder Hühnerjunge – sorgfältiger präsentiertes Geflügel findet man selten, und auch Ochsen-Gulaschfleisch bekommt man hier, mittwochs und donnerstags Freilandenten aus Rohr am Gebirge oder aus dem Waldviertel, geliefert direkt vom Produzenten.

Ganz zufrieden wirkt Frau Turecek inmitten all der Köstlichkeiten aber nicht. „Wer kocht heute noch Wiener Küche? Wer kann das überhaupt noch, außer meiner Tochter?" Die soll den Betrieb einmal übernehmen, aber in letzter Zeit kommen der legendären Geflügelhändlerin Zweifel, ob das Sinn hat. „Die Stadt will uns Kleine nicht", meint sie und erzählt von ständig neuen Vorschriften und Kontrollen. Vor Kurzem musste sie etwa eine Abdeckung für die Neonröhren einbauen, die die Ware beleuchten. „Ich bin seit 1973 im Geschäft. Glauben S' es hätte seither ein einziges Mal eine Neonröhre zerrissen?"

Während unseres Gesprächs merke ich erleichtert, dass sie vielleicht nicht ganz recht hat mit ihrer Einschätzung der Kochkünste der Wiener. Es wird nämlich schon ganz ordentlich eingekauft hier und die Leute wissen eindeutig, was sie an Frau

Turecek und ihrem Stand haben. Vielleicht macht die Tochter ja doch eines Tages weiter. Mittagessen kann man natürlich auch auf dem Viktor-Adler-Markt, empfohlen wurde mir der Stand der umtriebigen türkischstämmigen Melahat Biçer, die direkt neben dem Markt aufgewachsen ist. Bei ihr gibt es Gözleme, dünne gefüllte Teigfladen nach dem Rezept ihrer Großmutter, wie sie es in der Türkei gelernt hat: Sie rollt einen Germteigfladen dünn aus, legt ihn auf eine heiße, gewölbte Platte, wendet ihn ein paar Mal, füllt ihn – in meinem Fall mit einer Melanzani-Tomaten-Sauce und Käse –, klappt ihn zu und bestreicht ihn mit zerlassener Butter. Während sie das Essen zubereitet, erzählt sie vom Markt, auf dem sie vor sechzehn Jahren begonnen hat, Lebensmittel zu verkaufen. Vor vier Jahren kam ihr die Idee mit den Gözleme, sie ließ sich in der Türkei einen Ofen nach ihren Vorstellungen bauen. Die Investition soll auch dem Markt zugutekommen: Sie verwendet nur Zutaten, die sie hier frisch einkauft. „Eine Hand wäscht die andere. Man muss zusammenhelfen. Ich bringe Leute auf den Markt, die eigentlich nur zum Mittagessen kommen – dann gehen sie durch und kaufen etwas." Mit ihrer Idee, einen Verein der Marktstandler des Viktor-Adler-Marktes zu gründen, ist sie hingegen gescheitert. Es war zu wenig Interesse da, zu wenig

Engagement. „Die Leute jammern über alles Mögliche, aber erfinden tun sie nichts."

Ständig kommt während unseres Gesprächs jemand vorbei, Frau Biçer spricht manchmal türkisch, dann wieder wienerisch, beides beherrscht sie perfekt. Die dynamische Gözleme-Bäckerin kann wie ein Rohrspatz über den Markt schimpfen, während ich die heiße, in Streifen geschnittene, köstliche Flade verspeise. Man hüte sich davor, ihr zuzustimmen, und seien es noch so kleine Nebenaspekte: „Das ist der schönste Markt von Wien", sagt sie dann, und man hört, dass jeder Widerspruch zwecklos ist.

Vorbei an den zahlreichen Obst- und Gemüseständen, an Gewürzen und eingelegtem Gemüse, riesigen Kürbissen und Doppelliterflaschen Sturm wandere ich zum dritten Favoritner Markt weiter: In der Vally-Weigl-Gasse, mitten im nagelneuen Sonnwendviertel, gibt es einen kleinen Marktbereich am Fuß eines topmodernen Wohngebäudes: Biomartin, der verdienstvolle Ottakringer Bio-Pionier, versorgt auch eines der jüngsten Wiener Viertel und betreibt den samstäglichen Wochenmarkt im Alleingang, mit bewährter Spitzenware von italienischer Salami bis Waldviertler Beinschinken, von südfranzösischem Bio-Schafkäse bis zum saisonalen Obst und Gemüse aus der näheren Umgebung.

Viktor-Adler-Markt: Viktor-Adler-Platz, 1100 Wien
Montag bis Freitag 6–19:30 Uhr, Samstag 6–17 Uhr
Zum Vertiefen: Geflügel Jahn: facebook.com/hendl.at

Bauernmarkt Leibnizgasse: Montag bis Samstag 6–13 Uhr
Bio-Markt: Vally-Weigl-Gasse 2, 1100 Wien
Samstag 8–13 Uhr
Zum Vertiefen: www.biomartin.at

11. Simmering

Morgenröte über Simmering

„Märkte wird es ohnehin bald keine mehr geben", habe ihm der damalige Bezirksvorsteher erklärt, als das Ende des alten Simmeringer Marktes verkündet wurde. 2006 war tatsächlich Schluss. „Damals wollte die Stadt alle Märkte am liebsten zudrehen", ist Imker Franz Amstätter überzeugt, der seit 1980 Obstbrände, Honig, Met und andere Produkte seiner kleinen Imkerei in Simmering verkauft. Doch die Standler gaben sich nicht mit der ersatzlosen Streichung zufrieden. Mit Erfolg: Der gewohnte Simmeringer Markt ist zwar bis auf zwei denkmalgeschützte Stände verschwunden, hat aber in Form eines samstäglichen Bauernmarktes auf dem nahen Enkplatz eine neue Bleibe gefunden – genau dort, wo er im Jahr 1873 gegründet wurde, ehe man ihn 1909 auf das mittlerweile bebaute Gelände zwei Häuserblocks weiter westlich verlegte. Das zur Bibliothek umgewandelte Marktamtsgebäude zeugt dort von seiner fast hundertjährigen Geschichte.

Bei Imker Amstätter

Die Rihas

Imker Amstätter, der mir zwischendurch erklärt, welcher Honig am besten in welchen Tee passt, ist mit der aktuellen Lösung zufrieden: Das Einkaufsverhalten habe sich zwar verändert, weil kaum noch jemand Vorräte für längere Zeit zu Hause einlagere wie früher, „aber schauen Sie sich doch um: Heute wurlt es wieder." Er meint damit nicht seine Bienenstöcke, sondern den Markt. Tatsächlich ist hier viel los, vor allem bei seinen Standnachbarn von der Gärtnerei Riha. Auch dieser Familienbetrieb ist seit jeher mit dem Simmeringer Markt verbunden, seit fünfunddreißig Jahren hat die Gärtnerei ihren Stand bereits und ist wie Imker Amstätter mitsamt dem Markt übersiedelt. Was auch irgendwie logisch ist: Die Rihas sind echte Simmeringer, eine der selten gewordenen Gärtnereien der alten Schule. Statt wie viele Kollegen auf Monokulturen setzen sie auf Vielfalt, entsprechend bunt ist das Angebot ihres Marktstandes auf dem Enkplatz: Radieschen und kleine krumme Gurken, Salate, Karotten in allen Schattierungen, Knoblauch, Zwiebel, Petersilie, bunte Paradeiser und vieles

Die zersägte Jungfrau

mehr türmt sich vor ihnen – und alles mit dem denkbar
kleinsten CO$_2$-Abdruck: Ein kürzerer Transportweg als von
Simmering nach Simmering ist schließlich kaum vorstellbar.
Direktvermarkter Bscheider aus der Steiermark ist mit seinem
umfangreichen Sortiment an steirischem Fleisch und Geflügel
vertreten, der Verkäufer kommt mir irgendwie bekannt vor –
es ist Stefan, den ich am Vorgartenmarkt kennengelernt habe,
als er mir die Zubereitung von „Knielingen" erklärte. Er hat
die Firma gewechselt, aber die gute Laune behalten: Der steirische Familienbetrieb mit eigener Schlachtung ist eine „Super-
Firma", die Qualität stimme einfach, und die Schlange vor
seinem Stand, hinter dem er mir zuwinkt, spricht Bände. Über
mangelndes Kundeninteresse können weder Winzer Michlits
aus Pamhagen klagen noch die Stände mit Käse, Speck und
Wurst aus Vorarlberg und Tirol, und der „klassische" Marktfahrer mit seinem Obst und Gemüse bringt nicht nur Farbe,
sondern auch gute Ware auf den Enkplatz. Mein persönliches
Highlight ist aber der Stand der Familie Schindler, die in

Loipersbach hundert Hochlandrinder und beinahe doppelt so viele Mangalitza-Schweine im Freiland hält und die Tiere für den Verkauf selbst schlachtet. Solches Fleisch zu kaufen, ist ein gutes Gefühl, doch während ich zwischen Rostbraten und Hüferl schwanke, fällt mein Blick noch auf ein Stück „Schalenwild" – nur was genau ist das? Leopold Schindler Junior überlegt kurz, wie er mir den waidmännischen Begriff übersetzen soll: „Eine Hirschjungfrau." Da muss nicht nur ich lachen, sondern auch die Frau hinter mir in der Schlange, was sich gut trifft: Tina ist eine aus Bulgarien stammende Köchin, die bei einem bekannten Grinzinger Heurigen in der Küche steht. Sie würde die Rippenstücke vom weiblichen Junghirsch, die mir der junge Fleischermeister gerade heruntersägt – „Beim Hacken splittert der Knochen!" –, am Vorabend einfach mit Öl, Majoran, Kümmel, schwarzem Pfeffer und Salz einreiben und am nächsten Tag medium braten. So ist es am schönsten, nach Hause zurückzukommen: mit vollen Taschen und neuen Rezept-Ideen.

Simmeringer Wochenmarkt: Enkplatz
Samstag 6–15 Uhr

Zum Vertiefen
www.weingut-michlits.at

Kein weißer Fleck auf der Marktkarte mehr: der Leberberg

Auf dem Stadtplan aus meiner Studentenzeit in den 1990er-Jahren, der zwar nicht mehr schön aussieht, aber doch meist recht gute Dienste tut, ist die Gegend um den Leberweg ein weißer Fleck. „Kaiser-Ebersdorf" steht darauf, rundherum ist offenbar nichts. Der Leberberg, zwischen Kaiserebersdorf und Albern am äußersten südöstlichen Rand von Wien gelegen, war vor wenigen Jahren noch Stadterweiterungsgebiet. Heute bietet die Gegend ein kontrastreiches Bild, Gewächshäuser und Felder der Simmeringer Gärtnereien wechseln mit Neubausiedlungen in unterschiedlichen Fertigstellungsgraden. Schön ist es rund um den Leberberg nicht, auch dort nicht, wo sich die Svetelskystraße (die mein alter Stadtplan noch gar nicht kennt) zu einem Platz weitet, mit Einkaufszentrum im Hintergrund. Ein typisches Beispiel für pragmatische, funktionierende, aber eben auch etwas fantasielose Platzgestaltung,

Stand von Familie Kainz

durch die ein Hauch vorstädtischer Tristesse wabert. Außer man erwischt einen Donnerstag: Da stehen ein paar Marktstände auf dem Platz vor dem Einkaufszentrum, und wenn sie aus der Ferne auch etwas verloren wirken, so lohnt sich der Besuch doch.

Zum Beispiel bei einem Wagen aus Eisgarn, einer kleinen Gemeinde im nördlichsten Winkel des Waldviertels. Dort befindet sich nicht nur das kleinste Stift Österreichs, sondern auch der Bauernhof der Familie Kainz, direkt am Groß-Radischen-Teich gelegen. Ihr Mann kümmert sich um den Hof und hilft ihr beim Räuchern, den Rest ihrer Ware macht sie selbst, erzählt Frau Kainz und betont – für jeden nachvollziehbar –, dass sie auf diese Leistung auch ein bisschen stolz ist. Ich werde beim nächsten Besuch auf dem Leberberg jedenfalls eine Kühltasche mitnehmen, denn von der Leber-, der Press- und der Hauswurst, den Saumaisen, der Dürren, dem gefüllten Schweinsbauch, dem Kümmelbraten und was es hier sonst noch alles an verlockenden – und, wie sich später herausstellen soll, hervorragenden – Fleisch- und Wurstwaren gibt, nur so wenig mitnehmen zu können, ist schon frustrierend. Weidegänse, -enten und -puten kann man vorbestellen, und nicht zuletzt bäckt Frau Kainz auch: Nusskipferl, Kuchen und Torten sehen so aus, als wäre die Bäuerin aus dem Waldviertel in einer österreichischen Konditorenfamilie groß geworden. Was definitiv nicht der Fall ist: Frau Kainz kommt ursprünglich aus der Mongolei, erst seit zehn Jahren lebt sie in Österreich. Dass sie ausgerechnet in Eisgarn hängen bleiben würde, war natürlich nicht geplant, doch es scheint ihr zu gefallen. Mongolische Spezialitäten bietet Frau Kainz, die tadelloses Deutsch mit Waldviertler Einschlag spricht, leider nicht an – „Die Leute mögen das nicht", meint sie. Sie hat das vor Jahren ausprobiert, doch die Österreicher lieben es traditionell und danach richtet sie sich eben. Beeindruckend, wie schnell die tüchtige Neo-Waldviertler Bäuerin, Bäckerin, Fleischerin und Konditorin sich das alles angeeignet hat.

Weniger bescheiden gibt man sich beim Stand daneben: Es ist der Schweinebaron, ein alter Bekannter vom Siebenbrunnenplatz, der das Waldviertler Angebot um rustikal präsentierte Kärntner Spezialitäten erweitert, von der scharfen Gamswurst bis zum Reindling. Trotz der Lage am äußersten Stadtrand ist Schweinebaron Schöbel mit der Entwicklung des

Der Schweinebaron

relativ neuen Wochenmarktes zufrieden – ihn stört nur, dass sich der Markt heute nicht in seiner ganzen Pracht präsentiert: Ein Pferdefleischer sowie ein Obst- und Gemüsehändler sollten eigentlich neben ihm stehen, sie sind aber aus unerfindlichen Gründen nicht gekommen. Doch auf dem Leberberg beweisen selbst zwei einsame Standln: Wo ein Wille ist, ist auch ein Markt.

Wochenmarkt Svetelskystraße:
Donnerstag 9–18 Uhr

12. Meidling

Start mit (Milch)Bart

„Beim Milchbart hat es begonnen", erzählt Anna Putz. Die halbe Französin und Absolventin einer Hotelfachschule war damals schon länger aus Südfrankreich nach Wien zurückgekehrt, wo sie Berufserfahrung in einem Feinkostgeschäft und in einem Weinrestaurant gesammelt hatte. Danach arbeitete sie bei Essigpapst Erwin Gegenbauer – „Eine harte Schule, aber auch eine wichtige Zeit", wie sie selbst sagt. Zum Ausspannen ging sie gern auf den Meidlinger Markt, der gerade dabei war, sein Image zu ändern: vom eher abgewirtschafteten Markt zum Grätzel-Treffpunkt für alle. Ausgelöst wurde die Veränderung von einem jungen Mann namens Christian Chvosta, der einen ehemaligen Kebap-Stand übernommen und zum „Milchbart" umgebaut hatte: Aus dem Schnellimbiss wurde ein freundliches kleines Markt-Lokal mit frischer Küche, täglich wechselnder Speisekarte, Kuchen am Nachmittag,

hübschen Vintage-Möbeln, angenehmer Musik und guten Getränken. Es war die richtige Mischung zur richtigen Zeit am richtigen Ort, Chvostas Milchbart, der in Neubau womöglich nicht weiter aufgefallen wäre, genau das Lokal, das dem Markt und dem ganzen Stadtviertel gefehlt hatte und in dem Men-

Milchbart

Anna Putz

schen wie Anna Putz schnell zu Stammkunden wurden. Aus Frankreich hatte sie die Liebe zum Produkt, von Gegenbauer eine Lektion in Perfektionismus mitgebracht. Als sie erfuhr, dass das Seifengeschäft schräg gegenüber vom Milchbart bald schließen würde, war ihre schon länger gehegte Sehnsucht nach Selbstständigkeit nicht mehr zu bändigen. Im Jahr 2014 eröffnete Anna Putz ihr Delikatessengeschäft im ehemaligen Kosmetik-Marktstand. Wobei, so stimmt das gar nicht: „Ein Marktstand ist etwas ganz anderes als ein Geschäft", erklärt mir Anna. Die Beengtheit des Standes zwingt zur strengen Auswahl der Produkte, es gibt kein Lager, und außerdem ist es wichtig, den Leuten auch die Möglichkeit zu bieten, eine Kleinigkeit zu essen und zu trinken – auf den Markt geht man schließlich mit einer anderen Erwartungshaltung als in den Supermarkt am Eck, viele suchen den persönlichen Kontakt, wollen ein bisschen plaudern und vor allem etwas Besonderes mit nach Hause nehmen. All das bietet Anna auf wenigen Quadratmetern, und doch fühlt man sich in ihrem Stand nie

Gärtnerei Somov

beengt: Wahrscheinlich ist es die Mischung aus durchdacht
ausgewählten, einander ergänzenden Produkten aus Österreich, Frankreich und anderen Ländern, die ein Gefühl von
Heimeligkeit und Weite entstehen lassen: Schokoladen, Kekse
und Senf aus Frankreich, griechisches Olivenöl, Kamptaler
Wein, Wiener Essig von Gegenbauer, französische Käsesorten
von Comté über Morbier bis Tomme de chèvre, Vorarlberger
Fasslbutter, Kamptaler Beinschinken, Waldviertler Gin und
Weinviertler Brot, das der junge Gaubitscher Bäcker Georg
Öfferl nach französischer Tradition doppelt bäckt, was seine
flaumigen Brote so schön knusprig werden lässt, und tausend
Dinge mehr bietet der kleine Stand, in dem man auch noch
die mit Abstand besten Sandwiches der Gegend bekommt
oder einfach auf eine Tasse Kaffee und ein Stück Kuchen kurz
bleiben kann, um mit Anna zu plaudern oder um über das
Goethe-Zitat zu sinnieren, das ganz oben an der Wand steht:
„Kein Genuss ist vorübergehend, denn der Eindruck, den er
hinterlässt, ist bleibend."

Solcherart bleibend beeindruckt spaziere ich weiter durch die Marktstände, vorbei an der grandiosen Auswahl des auf Biere aus Kleinbrauereien spezialisierten „Malefitz", am „MarctStandl", einem geschmackvoll renovierten veganen Stand, am „Market iii" („glutenfree & tasty!") und an „Basilicum am Markt", wo es Quiche und Schweinsbraten gibt, eigentlich eine logische Kombination, aber auch Cidre, Marmeladen, Olivenöl und Quittensaft. Bei „Purple Eat" kochen Menschen, deren Asylantrag abgelehnt wurde und die oft buchstäblich vor dem Nichts stehen: Der Verein „Purple Sheep" unterstützt sie in dieser Phase und gibt ihnen mit dem lila Marktstand auch die Möglichkeit, einer sinnvollen Tätigkeit nachzugehen, statt sich vom zermürbenden Warten und von Zukunftsängsten überwältigen zu lassen.

An Freitagen und Samstagen ist Bauernmarkt in Meidling, da kommt etwa die Gärtnerei Somov aus Trautmannsdorf mit selbst angebautem Gemüse, die Imkerei Preissl-Neuburger oder Richard Schaar aus Krems, der sich auf seltene Apfel- und Birnensorten spezialisiert hat: Maschantzker, Weinler, Ananas-Renette, McIntosh, Topaz, Pilot, Kronprinz, Pierre Corneille, Beckhams, Butterbirne und wie sie noch alle heißen. Dazu kommen noch Fruchtsäfte, hervorragende Marmeladen und die jeweils zur Saison passenden Beeren.

Veganes MarctStandl

Ein Klassiker unter den fixen Marktständen ist „Klima-Fisch", bei dem es sowohl gebackenen und gebratenen Fisch als auch frische Ware gibt – die lange Schlange vor dem Eingang spricht Bände. Der Pferdefleischer Gumprecht und einige Marktfahrer mit Obst und Gemüse, Halal-Geflügelhändler und serbische Fleischhauer runden das Angebot des vielfältigen Marktes ab, Herr Nuran hingegen setzt ihm die Krone auf: Der Meidlinger Fleischhauer mit türkisch-armenischen Wurzeln hat eine der schönsten Auslagen der Stadt, niemand sonst versteht es, nacktes Fleisch so in Szene zu setzen wie er. Den Sinn für Ästhetik verdankt er seinem früheren Leben als Edelsteinfachmann in Istanbul, ehe er als Obst- und Gemüsehändler in Wien ganz von vorne anfing. Bald sattelte der leidenschaftliche Koch auf Feinkost um, dann erkannte er eine Marktlücke: Fleisch, bei dem Qualität, Schnitt und Präsentation optimal waren, gab es in Wien viel zu wenig.

„Wenn man spürt, dass man das Richtige gefunden hat, dann ist man inspirierter als die anderen", erklärt der stets freundliche, aus tiefstem Herzen kommende Lebensfreude ausstrahlende Herr Nuran seinen beachtlichen Erfolg. Eine einfache, stimmige Formel: Botschaften und Spitzenrestaurants zählen heute genauso zu seinem Kundenkreis wie Menschen aus der ganzen Stadt, die für Nurans Spezialitäten weite Wege auf sich nehmen. Neben den Lamm-Grillwürsten, diversen Spießchen – „so fein wie Pastete!" –, dem raffiniert gewürzten luftgetrockneten Pastrami-Rindfleisch oder Trockenwürsten nach traditionellem armenischen Rezept zählen dazu auch die speziellen Schnitte, mit denen er das Fleisch vom steirischen Rind, Kalb oder Lamm in die richtige Fasson bringt. Spanischer Schnitt, Schweizer Schnitt, doppelte Lammkrone, ein unvergleichlich schöner Kalbsnierenbraten – die hohe Schule der Fleisch-Choreografie lässt sich in dieser Auslage studieren.

Hungrig geworden spaziere ich noch einmal beim Milchbart vorbei, wo es heute Süßkartoffelsuppe, Rote-Rüben-Risotto oder Pasta mit Ganslragout gibt. Oder soll ich mir noch schnell beim coolen Marktfriseur gleich daneben einen Termin ausmachen? „Wir müssen den Markt kaum noch verlassen", hat mir Milchbarts Angestellte Evelyn einmal mit einem zufriedenen Stoßseufzer angesichts der Entwicklung des Marktes gesagt, als sie mir einen Kaffee serviert hat. Ich leider schon, aber schön war's.

Meidlinger Markt: 1120 Wien
Montag bis Freitag 6–21 Uhr, Samstag bis 17 Uhr
Bauernmarkt: Freitag und Samstag 6–13 Uhr

Zum Vertiefen
www.anna-am-markt.at
www.malefitz.at
www.basilicum.at
www.marctstandl.at
www.market111.at
www.purplesheep.at

Bauernmarkt Meidlinger Hauptstraße

Was macht man, wenn man sich nicht zwischen zwei Sorten Blutwurst entscheiden kann? Man kostet, so wie die Dame vor mir in der Schlange beim Bauernstandl in der Meidlinger Hauptstraße. „Wollen S' auch?", fragt die Bäuerin mit dem gemusterten Kopftuch, die lieber anonym bleiben möchte. Die gut gelaunten Damen rund um mich, offenbar alle Stammkundinnen, sagen im Chor „Ja!", und schon ist eine Blutwurstverkostung mitten auf der Meidlinger Hauptstraße im Gange.

Äpfel, Schnaps, Säfte, Erdäpfel, Würste, Speck, Geselchtes, Brot und jede Menge Knödel gibt es auch – schließlich sind wir hier im Waldviertel, jedenfalls an diesem Freitag. Imker Tex, den ich vom Josef-Matthias-Hauerplatz kenne, ist auch da. Gemeinsam mit den hofeigenen Produkten und solchen von einigen Nachbarn aus Gföhl kommt da schon einiges an Auswahl zusammen – wie gut so ein, zwei Marktstände einer ganzen Straße tun können, lässt sich hier immerhin zweimal im Monat erleben.

Bauernmarkt Meidlinger Hauptstraße: auf der Höhe der Ratschkygasse, jeden ersten und dritten Freitag im Monat von 9–17 Uhr

Die Auferstehung der alten Sargfabrik

Wie schmeckt eigentlich Löwenzahnhonig? „Lieblich-blumig, frühlingshaft-überraschend, einfach gut." Man muss eben nur die richtigen Leute fragen. Doch nicht nur das Glas leuchtend gelber Honig in meiner Hand, auch der Markt rundherum birgt Überraschendes. Das beginnt bei der Location: eine ehemalige Sargfabrik an der Breitenfurter Straße, die bis vor Kurzem noch – abgesehen vom eh hübschen alten Kern von Atzgersdorf und dem legendären Fleischhauer Hödl – eine eher triste Gegend an einer wichtigen Ausfallstraße war. Doch die radikale Veränderung Atzgersdorfs hat längst begonnen. Der dringende Bedarf nach Wohnraum im schnell wachsenden Wien sorgt dafür, dass die Ausfallstraße heute von Kränen gesäumt ist und ein Wohnprojekt nach dem anderen aus dem Boden gestampft wird. Mit der Sargfabrik hat der neue Stadtteil, dem man förmlich beim Entstehen zuschauen kann, im Gegensatz zu anderen, oft seelenlos wirkenden Neubaugebieten immerhin

ein natürliches Zentrum. Neben einem abwechslungsreichen Kulturprogramm ist das markante Gebäude mit dem schönen Innenhof seit dem Sommer 2016 auch Standort eines der jüngsten Wochenmärkte der Stadt: „F 23 Genuss-Oase Atzgersdorf" nennt sich das Projekt, dem der Spagat zwischen bodenständig und szenig gelingt. Die auf einigen Wiener Märkten vertretene Bäckerei Ringhofer, die ebenso verlässlich gute Fleischerei Holzinger, der Hirschenhof Pabst mit seinen Wildpasteten und der junge steirische Gartenbaubetrieb Krenn sorgen schon einmal für eine kulinarische Grundversorgung, die kaum Wünsche offen lässt. Doch dabei bleibt es nicht auf diesem kleinen, erstaunlich vielfältigen Markt. Da gibt es etwa Anton Sutterlüty, der im Sommer selbst Bergkäse auf einer Bregenzerwälder Alm herstellt und diesen dann im Keller des Wiener „Kipferlhauses" in der Grünangergasse reifen lässt, ehe er ihn auf Märkten verkauft.

„Eine Forelle für die Mademoiselle?", fragt die gut gelaunte Biofisch-Verkäuferin die Kundin vor mir und schaut mich dann streng an: „Schaun S' nicht so kritisch, ich weiß eh, dass man das anders aussprechen müsste, aber dann reimt es sich nicht." Die Stimmung passt, der Fisch auch. Sollte jemand – was kaum vorstellbar ist – sich nicht von den am selben Tag geschlachteten bildschönen Forellen, Saiblingen, Reinanken oder Karpfen aus heimischen Gewässern verführen lassen, hat sie auch norwegischen Bio-Räucherlachs dabei. Nur der sonst auf jedem Markt vertretene Winzer fehlt mir hier in Atzgersdorf, aber Moment: Dafür gibt es ein anderes urösterreichisches Getränk, das offenbar langsam aber sicher aus dem Nischen- oder dem Tetrapack-Dasein heraustritt – Most nämlich. Leopold Gusenbauer, der früher bei den Casinos Austria die Kugeln rollen ließ, hat sich in zweiter Karriere zum Mostsommelier ausbilden lassen. Lavanttaler Banane, Rubinette, Braeburn, Ilzer Rosenapfel, Kronprinz Rudolf oder Hirschbirne steht auf den Mostflaschen, die heute längst keine ordinären Doppelliter mehr sind, sondern elegante Bouteillen mit professionell gestalteten Etiketten. Manche Fla-

schen sind offen, man darf kosten: ein spannendes, nuancenreiches, unglaublich vielfältiges Getränk, eindeutig zu schade zum Spritzen. Für die Feiertage nehme ich eine Flasche Eisbirne mit – ein Dessert-Birnenmost aus gefrorenen Früchten, ich bin neugierig. Auch Essig und Senf verkauft Gusenbauer, der nicht

Verkostung bei Leopold Gusenbauer

nur ein exquisites Sortiment zu bieten hat, sondern auch kompetent berät. Blumen und Kunsthandwerk gibt es in der alten Sargfabrik ebenfalls, und dann noch den Honig von Christoph Zahlingen, der nicht nur den Geschmack seines Löwenzahnhonigs so gut erklären kann. Seit 1982 ist er schon Imker. Ein Großteil seines Honigs stammt aus dem Burgenland, aber auch in Niederösterreich hat der Bio-Imker ein paar Bienenstöcke stehen. Im Waldviertel zum Beispiel, von wo der Löwenzahnhonig kommt, den ich jetzt natürlich kaufen muss. Ich habe schon oft überlegt, warum ich mich auf den Märkten, die ich regelmäßig oder auch nur gelegentlich besuche, immer mit den Imkern so gut unterhalte. Christoph Zahlingen hat zumindest eine Erklärung für einen gemeinsamen Charakterzug seiner Berufsgenossen, vielleicht ist das ja ein Grund dafür, dass es sich bei ihnen meist um interessante, hintergründige Gesprächspartner handelt: „Honig zieht freiheitsliebende Menschen an, weil auch die Bienen in Ruhe gelassen werden wollen", erklärt der Bio-Imker, während er mir den Löwenzahnhonig einwickelt. „Honig wärmt das Dunkle hell", steht auf dem Etikett – ein guter Spruch für den langsam einsetzenden Herbst, und auch für die ungewöhnlichen Öffnungszeiten dieses jüngsten Wiener Marktes: Erst um 16 Uhr geht es donnerstags in der Atzgersdorfer Sargfabrik los, dafür ist bis 20 Uhr geöffnet.

Genuss-Oase Atzgersdorf:
Breitenfurter Straße 176, 1120 Wien
Donnerstag 16–20 Uhr

Zum Vertiefen
www.gartenbau-krenn.at
www.trinkemost.at
www.antonmachtkes.at
www.imkerei-melissai.at

13. Hietzing

Nicht alt, aber gediegen: der Hietzinger Wochenmarkt

Man versäumt das Wesentliche eines Marktes, zählt man nur auf, was es in etwa zu kaufen gibt: Fleisch, Obst, Gemüse, Käse, Fisch und Brot – das allein will noch nicht viel heißen. Vor allem im eleganten Hietzing darf es schließlich nicht irgendein Fleisch sein, nicht irgendein Fisch und auch sonst nichts, was den Verdacht erwecken könnte, austauschbar, beliebig oder gar ein Massenprodukt zu sein.

So gibt es auf dem bezaubernden Platz am Ende der Altgasse, den man erst an Samstagen als solchen wahrnimmt, weil er da nicht zugeparkt ist, eben nicht irgendeinen Markt, sondern den Hietzinger Wochenmarkt. Und dort kauft man ein, wenn man auf der Suche nach dem etwas edleren Sonntagsbraten ist oder Zutaten für die etwas elegantere Käseplatte braucht. Der Braten könnte zum Beispiel vom Bison stammen: Den mächtigen Wildrindern aus Nordamerika hat sich

Helga Oberhuemer

das Ehepaar Helga und Walter Oberhuemer aus Braunau im Innviertel verschrieben. Das besonders magere, dank einer Extraportion Eisen und Nährstoffe auch besonders gesunde Fleisch stammt nicht aus den USA, sondern von einem bayerischen Züchter. Fünfhundert Bisons lässt der auf einer Wiese grasen, das ganze Jahr, wie es die zottigen Büffel brauchen, im Freiland. Bison gilt als Wildtier, weswegen die Tiere nicht im Schlachthof ihr Leben lassen müssen, sondern auf der Weide geschossen werden können – das klingt etwas abenteuerlich, erspart den Tieren aber Transport, Schlachthof und damit: Stress. Und dieser wirkt sich bekanntlich auf die Fleischqualität aus. Neben Beiried, Lungenbraten oder Gulaschfleisch vom Bison stellen die beiden Innviertler Fleischer auch Frankfurter aus Bisonfleisch her, Weiß- und Bratwürste oder auch feine Pasteten mit Pistazien oder Preiselbeeren.

Dazu kommen Produkte vom Mangalitza-Schwein, denn „Bison und Mangalitza, das passt einfach gut zusammen", meint Helga Oberhuemer, die auch zögerliche Kunden, die noch nicht so recht wissen, ob sie sich auf das ungewöhnliche Rindfleisch einlassen sollen, mit viel Geduld berät. „Beide werden das ganze Jahr über im Freien gehalten, und das Fleisch von beiden ist besonders gesund", erklärt sie. Das Mangalitza-Fleisch ist im Gegensatz zum Bison besonders fett – doch auch das „weiße Gold" der Wollschweine gilt dank niedrigem Cholesteringehalt als gesund. Oder fast. Frische Mangalitza-Bratwürstel, Bernerwürstel, Leberkäse, Speck, Rohschinken, Lardo und vieles mehr stellen die beiden „Landbison"-Fleischer von Montag bis Donnerstag her, freitags und samstags verkaufen sie ihre ausschließlich selbst produzierte Ware auf den Wiener Märkten. Alle zwei Wochen kommen sie in die Altgasse, ich habe bei meinem Besuch Glück gehabt.

Nicht ganz so exotisch klingt der „Kalkalpenfisch", den Maximilian Weißenbacher anbietet, doch auch dieser ist ein

Max Weißenbacher

besonderes Produkt. Weißenbacher ist eigentlich kein Fischzüchter, sondern Koch. „Ich hatte einmal eine Pizzeria", erzählt er, „und irgendwann ist mir der Tiefkühl-Seefisch, den man da zwangsläufig tagein, tagaus verarbeitet, auf die Nerven gegangen. Ich wollte etwas Besseres, Frischeres, und so habe ich mich auf die Suche gemacht." Gefunden hat er schließlich einen Fischzüchter am Rande des Nationalparks Kalkalpen, und damit war die Suche beendet: Die Forellen und Saiblinge, die dort im Wasser der eigenen, schnell fließenden Quelle heranwachsen, boten dem Koch und Wirt endlich die gesuchte Qualität. Weißenbacher kam auf den Namen „Kalkalpenfisch", eine Zeit lang betrieb er neben dem eigenen Lokal auch Stände auf mehreren Märkten, konzentriert sich heute aber neben dem Markt in der Altgasse auf sein Geschäft in Ober St. Veit, wo er täglich neben Frischfisch und einem kleinen Feinkost-Sortiment auch eine Suppe zu Mittag anbietet – als ich ihn einmal besucht habe etwa eine Süßkartoffel-Cremesuppe mit Lachsforelle. Freitags gibt es Fish and Chips und Steckerlfisch, samstags ist er in der Altgasse.

Die Bäckerei Ringhofer aus Pinkafeld, auf vielen Wiener Märkten vertreten, ist auch da, der mit Gelbzucker bestreute Striezel sieht besonders verlockend aus. Gegenüber kann man bei Maria Beisteiner besondere Käsesorten kaufen: Beispielsweise den „Großen Stinker", der in der am Fuße des Kaisergebirges gelegenen Käserei „Wilder Käser" hergestellt wird, den würzigen Bachensteiner aus der Vorarlberger Gemeinde Sibratsgfäll, oder auf der weniger „wilden", dafür aber raffinierten Seite: Frischkäse aus der besonders fettreichen Milch der Jersey-Kuh, der mit Chili oder Bärlauch vermischt wird, besonders cremig ist und jeden Aperitif aufwertet, ohne dass man damit die geringste Arbeit hat. Auch Schweinebaron Schöbel, dessen Kabanossi beim jungen Publikum offenbar besonders beliebt sind, trifft man hier, und natürlich gibt es keinen Markt ohne Obst und Gemüse: Peter Neumeister, dessen Familie seit zwei Generationen einen fixen Stand am Floridsdorfer Schlingermarkt führt, verkauft hier seine dem eleganten Standort angemessene Ware: sowohl das saisonale Angebot von Bauern, denen er vertrauen kann – „Ich handle mit den Kindern der Produzenten, mit denen mein Vater gehandelt hat." –, als auch eine Produktpalette, die kaum Wünsche nach „exotischen" Früchten oder Gemüsesorten offen lässt. Besonders praktisch: Es gibt bereits vorgeputztes und -geschnittenes Gemüse im Sackerl – Karfiol, Fisolen oder Suppengrün zum Beispiel. Jetzt noch ein Tafelspitz vom Bison dazu – exquisit muss schließlich nicht kompliziert sein.

Hietzinger Wochenmarkt:
Altgasse, 1130 Wien
Samstag 9–16 Uhr

Zum Vertiefen
www.landbison.at
www.kalkalpenfisch.at
www.peterneumeister.at

Ober St. Veit

Ober St. Veit ist ein Dorf für sich, und ein eigenes Dorf hat auch einen eigenen Wochenmarkt. Und den gleich zweimal: An Donnerstagen und Samstagen findet der Ober St. Veiter Schmankerlmarkt statt, gleich bei der Schule. Ich spaziere an einem etwas unfreundlichen Herbsttag von der U4-Station durch den engen Sommererweg in Richtung Trazerberg – und treffe Stefan wieder, den fröhlichen Fleischhauer vom Vorgartenmarkt, Er bestreitet den Markt heute allein: Der Gemüsehändler ist heute nicht da, vielleicht ist ihm ja zu kalt. Das kann weder Stefans Laune mindern, noch hat man das Gefühl, dass auf diesem auf das äußerste Minimum – einen einzigen Stand – reduzierten Markt etwas fehlt: Bei Bscheider gibt es diesmal auch Käse und Bauernbutter, Brot, Striezel, Linzerschnitten und natürlich die Klassiker des Hauses: die gute Leberstreichwurst, die Hendln aus dem Sulmtal, ein schönes Gänseviertel,

stattliche Bratwürste, Rind- und Schweinefleisch, Knödel, Kraut und, so selten geworden, dass es fast schon exotisch wirkt: Fleischstrudel als Suppeneinlage.

Ganz dem Klischee entsprechend kommen, während wir plaudern, zwei Damen im Pelzmantel zum Stand, eh nur zum Schauen, weil sie jetzt ins Kaffeehaus

Schmankerlmarkt Ober St. Veit

gehen und erst auf dem Rückweg etwas kaufen wollen. Es wird geschäkert und gekichert, den Weg ins Stammcafé treten die beiden zehn Zentimeter über dem Boden schwebend an. Wieder einmal ist das dumme Vorurteil vom groben Fleischhauer widerlegt. Er selbst musste zwar schon einmal eine Kuh schlachten, erzählt Stefan, das war Teil der Gesellenprüfung. Aber die Schlachthausatmosphäre ist ihm ein Graus – wie etwa die Tierärzte das aushalten, versteht er nicht. Freilich, wenn das Tier einmal zerlegt ist und er nur noch Fleisch vor sich hat, dann ist er in seinem Element, damit kann er umgehen. So geht es den meisten seiner Kollegen: „Die haben einen halben Zoo für die Kinder zu Hause und fahren mit einem sterbenskranken Meerschweinchen zum Tierarzt" – weil sie es eben nicht übers Herz brächten, ihm den Gnadentod zu geben. Im Grunde ist das logisch: Fleisch ist ein empfindliches Produkt, da braucht es Fingerspitzengefühl und Sensibilität, vom Respekt vor den Tieren ganz zu schweigen. Stefan erinnert sich aber auch an den alten Fleischmarkt in Sankt Marx, wo um drei Uhr morgens unter den Fleischhauergesellen, die gerade eine Ladung Schweinehälften abluden, ein etwas rauerer Spruch gepflegt wurde. Aber damit hat der kleine, charmante Markt im charmanten Ober St. Veit schließlich nichts zu tun.

Schmankerlmarkt Ober St. Veit: Ecke Sommerergasse/ Hietzinger Hauptstraße, 1130 Wien
Jeden Donnerstag 9–16 Uhr, Samstag 9–15 Uhr

Feiertag am Roten Berg

Einmal im Monat ist am Fuß des Roten Bergs Weihnachten. Oder zumindest so etwas Ähnliches, und warum sollen immer nur Kinderaugen glänzen? Hier sind einmal die Bewohner des nahen Seniorenheims dran, die schon am frühen Vormittag in schönster Feierlaune bei Schmalzbrot und Sturm auf der Heurigenbank sitzen und sich über den Bauernmarkt freuen, der monatlich auf dem kleinen Platz abgehalten wird, an dem Meytens- und Trazerberggasse zusammenstoßen.

Man kann sich vorstellen, wie die fröhlichen Pensionisten auf diesen Sonntag hingefiebert haben, und das nicht nur, weil er etwas Abwechslung in ihre Tage und etwas Leben in diese sonst so stille Gegend bringt: Auch die Qualität dessen, was hier geboten wird, rechtfertigt ein gerüttelt Maß Vorfreude.

Zum Beispiel die Fleischhauerei von Josef und Regina Walchshofer: Dort werden nur Tiere vom eigenen Hof geschlachtet, die mit selbst hergestelltem Futter aufgezogen wur-

den. Kein Transportstress, keine Massentierhaltung – nur Fleisch von anständig gehaltenen Tieren, Rauch und Gewürze. Das findet man im Walchshofer-Kühlwagen in Form von Extrawurst, Speck, scharfer und milder Dürrer, geselchtem Schopf, Bratwürstel, Blut- und Leberwurst und natürlich Fleisch zum Selberbraten und -kochen, das einem das Versäumnis, ohne Kühltasche unterwegs zu sein, womöglich schmerzhaft vor Augen führt.

Trost bietet Winzer Fürnkranz, seines Zeichens der erste vegane Winzer Österreichs: Die Schwester des Jungwinzers konvertierte eines Tages zum Veganismus, wollte aber nicht auch noch auf den Wein verzichten. Mit Erbsen-Eiweiß statt tierischer Gelatine bei der Klärung wurde auch das möglich. Für Nicht-Veganer gibt es Schmalzbrot zum Sturm, die Weine sind hervorragend – was nicht nur die im Lauf des Tages immer fröhlicher werdenden Senioren auf der Heurigenbank bestätigen können. Auch Kürbisse, Weintrauben und allerlei Gemüse hat die Familie Fürnkranz heute mit, an diesem unverhofften Herbstfeiertag.

Ein wenig abgelegen, weil ihr rücksichtslose Autofahrer den reservierten Abstellplatz zugeparkt haben, steht Maria Beisteiner mit ihrem vom Hietzinger Wochenmarkt bekannten Käsewagen. Der würde aber auch einen viel grö-

Fleischerei Walchhofer

ßeren Umweg als die paar
Schritte den Platz hinunter
lohnen, vor allem von der
Chili-Jerseycreme kann
man nie genug zu Hause
haben.

Brot und Kuchen einer
St. Pöltener Bäckerin und
Honig gibt es auch noch,
womit man spielend alle
Zutaten für ein Picknick
beisammen hat. Nach Lust
und Laune einkaufen und dann hinaufspazieren auf den Roten Berg, von wo der Blick aus ganz ungewohnter Perspektive
über Wien schweift – so einfach geht ein gelungener Sonntag
im Hietzinger Nobelviertel. Auf dem Rückweg kann man
dann noch Nachschub für die nächsten Tage mitnehmen.
Man muss sich nicht hetzen, der Markt dauert bis weit in
den Nachmittag hinein. Dass sich die Standler keine Minute
früher aus dem Staub machen, dafür sorgt schon die Seni-
orenrunde am Feiertisch: Sie müssen dann ja wieder einen
Monat durchhalten …

Bauernmarkt am Roten Berg:
Ecke Meytens- und Trazerberggasse, 1130 Wien
Jeden vierten Sonntag im Monat von 9–17 Uhr

Zum Vertiefen
Marktkalender: www.hietzing.at
Weinbau Fürnkranz: www.vegan-wein.at

14. Penzing

Markttag im Fuhrmannhaus

Sogar jammern kann zu etwas gut sein, vorausgesetzt, die richtige Person hört zu. „Die Bauern haben immer so gejammert", erzählt Rosina Kahofer. „Das hat meine Mutter auf die Idee mit dem Markt gebracht." Ihre Mutter, muss man dazu wissen, führte das 1840 gegründete familieneigene Transportunternehmen im Fuhrmannhaus, weit draußen in Hütteldorf, in vierter Generation. Rosinas Urgroßvater fuhr noch täglich mit dem „Zeiserlwagen", der Pferdestraßenbahn, von Hütteldorf zur Bellaria, die Großmutter kaufte 1955 den ersten Lastwagen. Die Mutter schließlich, eine der ersten Wienerinnen mit Lkw-Führerschein, erwarb zusätzlich einen Steinbruch im Waldviertel und kam dadurch mit zahlreichen Waldviertler Bauern in Kontakt, die unzufrieden mit ihren Absatzmöglichkeiten waren. 1983 war das, seither finden regelmäßig „Markttage" in den beiden Höfen des Fuhrmannhauses statt.

Damals veränderte sich überhaupt vieles in den Mauern des stattlichen Gebäudes an der Linzer Straße, dessen älteste

Teile aus dem Jahr 1687 stammen. Bei Renovierungsarbeiten in einem Trakt, in dem zuvor das Pferdefutter gelagert worden war, kamen unter ein paar Farbschichten alte Fresken zum Vorschein. Familie Kahofer ließ das Denkmalamt kommen, das die barocke Malerei freilegte. Als die nachträglich einge-bauten Zwischenwände auch noch weg waren, konnte das von einem Daniel-Gran-Schüler dekorierte Refektorium der Bar-nabiten, um das es sich bei dem Saal handelt, zum ersten Mal seit vielen Jahrzehnten wieder in seiner ursprünglichen Pracht bewundert werden – schließlich war das Fuhrmannhaus ur-sprünglich ein Wirtschaftshof des Barnabitenordens, der 1687 nach überstandener Türkengefahr wieder beziehungsweise neu aufgebaut wurde. Ein schmiedeeisernes Gitter mit der Jahreszahl und ein Stiegengeländer, dessen Handlauf in Form eines „Türkenkopfs" endet, zeugen von der Geschichte des Hauses. Seit über dreißig Jahren kann es außerdem für sich in Anspruch nehmen, einen der malerischsten Märkte der Stadt zu beherbergen. Ganz zufrieden waren die Bauern zunächst aber trotzdem nicht: Die Abstände zwischen den Markttagen waren zu groß. Rosina Kahofer führte daher vor wenigen Jahren zusätzlich zu den fünf mehrtägigen Bauernmärkten im Jahr einen etwas kleineren Wochenmarkt ein, der jeden Mittwoch abgehalten wird. Jetzt hat wirklich niemand mehr Grund zum Jammern – was man auf diesem kleinen Markt zu kaufen bekommt, ist schließlich einzigartig und trotz der wenigen Stände auch überaus reichhaltig.

Ich beginne meine Runde beim Stand des Kaninchen- und Geflügelzüchters Anton Gerhold. Kaninchen, die bekommt man sonst bei steirischen Bauernstandln oder den leider viel zu wenigen verbliebenen Geflügelhändlern der Stadt – oft bieten diese importierte Kaninchen aus Italien an. Der Tullnerfelder Landwirt Gerhold setzt hingegen voll auf die hierzulande sel-ten gezüchteten Nager, die in der klassischen französischen

Anton Gerhold

Küche zum Geflügel gezählt werden. Hundertfünfzig Weib-
chen hält er auf seinem Hof in Pixendorf sowie Gänse, Enten
und Hühner. Das Futter für die Tiere stammt vom eigenen
Hof, da Gerhold unabhängig von zugekauftem Soja sein will.
Nur die Häsinnen kommen von weither: Einmal im Jahr fährt
er zum Einkauf der Jungtiere in die Bretagne, nach Rennes,
wo er sich auch Inspiration für seine Produkte holt: Neben
Kaninchen im Ganzen, einzeln verpackten Lebern, Keulen
oder Rückenfilets experimentiert Gerhold auch mit verarbeite-
tem Kaninchenfleisch. Kaninchen-Sulz oder -Faschiertes hat
er dauerhaft im Angebot, sowie fertiges Kaninchengulasch
zum Aufwärmen für zu Hause. Derzeit arbeitet der Kaninchenzüchter an einem Bierschinken aus Kaninchenfleisch und
an einem Produkt, an dessen Erfolg in Wien eigentlich kein
Zweifel bestehen kann: Kaninchenleberkäse, den er in kleinen
Förmchen zum Selber-Fertigbacken anbieten möchte.

Traditioneller scheint es bei Frau Burger, seiner Stand-
nachbarin, zuzugehen, die gerade einer Kundin eine große

Portion Sauerkraut und Fleischknödel in den Korb packt. Doch auch die sind ungewöhnlich: Die Fülle der Knödel besteht aus Putenfleisch vom eigenen Hof. Vierhundert Puten hält die Familie Burger in ihrem Hof am Rand des Dunkelsteiner Waldes. Mit den Bildern von überzüchteten Truthähnen, denen vor lauter Brustfleisch die Knochen brechen, hat dieser Betrieb nichts zu tun: Die Tiere leben dort in Freilandhaltung und werden, wenn es so weit ist, auf dem Hof geschlachtet. Neben Putenteilen – Frau Burger rät zum Kauf von Oberkeulen, die beim Braten im Rohr besonders saftig bleiben und ein dunkles, aromatisches Fleisch haben –, Putenfaschiertem, Grillwurst, oder Fleischknödeln von der Pute stechen aber auch die herrlichen Salate und das prachtvolle Kohlgemüse heraus. In den 1980er-Jahren hat sie begonnen, den ursprünglich „klassischen" kleinen Bauernhof auf Gemüse und Putenfleisch umzustellen, erzählt Frau Burger, die seit über dreißig Jahren ihre Waren im Fuhrmannhaus

Frau Burger

feilbietet. Eine erfolgreiche Positionierung, soviel kann man auch als gelegentlicher Marktbesucher sagen.

Selbst gemachten Tarama-Salat, Honig aus Mittelgriechenland, Nudeln von der Peloponnes, vor allem aber Olivenöl ausgesuchter Produzenten von verschiedenen griechischen Inseln bietet Michalis Kokokyris an, bei dem man natürlich auch Oliven kaufen kann. Stammkunden wissen offenbar den Stand von Fleischhauerin Fischer aus Pulkau zu schätzen, bei der es neben selbst produzierten Wurstwaren und fertig verschnürten Braten auch Wildragout zu kaufen gibt. An den Markttagen kommen noch einige Standler dazu: Lammfleisch von der Familie Donner aus Pellendorf, unweit von Mistelbach etwa, oder Wurst und Käse von „Wurstmann" Erich Hoffmann, Slowfood von „Bio Noah" aus Oberösterreich, zum Beispiel Wasserbüffel-Fleisch oder Mangalitza-Speck, außerdem noch burgenländische Marmeladen, ein Refektorium voller Kunsthandwerk oder ein Stand mit Produkten von der Zirbe. Das klingt schon ein wenig nach Weihnachten, und auch wenn das

Michalis Kokokyris

noch ein paar Monate entfernt ist, freut sich Rosina Kahofer, die unerschütterlich ruhig über den Ablauf „ihres" Marktes wacht, schon auf den Weihnachtsmarkt, an dem sie selbst die besten Standorte für die zum Verkauf stehenden Christbäume aussucht: Von selbst wird der kleine Markt weit draußen am westlichen Stadtrand schließlich nicht zu dem, was er dann zweifellos ist: einer der stimmungsvollsten Weihnachtsmärkte Wiens, weitab von den Menschenmassen der Innenstadt.

Markttage im Fuhrmannhaus:
Linzer Straße 404–406, 1140 Wien
Bauernmarkt jeden Mittwoch von 9–17 Uhr
(Winterpause im Jänner und Februar)

Zum Vertiefen
Kalender für die Markttage im Fuhrmannhaus unter:
www.bauernmarkt-fuhrmannhaus.com
www.landwirtschaft-burger.at
www.fleischerei-fischer.at
www.schmankerlland.at
www.wurst-und-kaese.at

Ein Standl = ein Markt

Was Adamah für den neunten Bezirk zustande bringt – als einzelner Anbieter einen ganzen Markt zu „schupfen" –, das leistet die auf dem Yppenplatz beheimatete Arge Rosenauerwald für das von Nahversorgern nicht gerade überquellende Gründerzeitviertel rund um den Matznerpark: Jeden Donnerstag betreibt die von einer Gruppe BoKu-Studenten initiierte Vertriebsgenossenschaft kleiner Biobauern im Eingangsbereich der Sargfabrik einen kleinen Bio-Markt, der aber doch alle Stückerln spielt: Die Auswahl an Brot und Gebäck ist riesig, Dinkel-Vollkornbrot, Mohnkuchen und die kleinen Obsttörtchen zählen eindeutig zu den besten ihrer Art, dazu gibt es Honig, „zapatistischen" Kaffee, Obst und Gemüse der Saison, eine schöne Käseauswahl – der Bergkäse wird per Zug und Lastenrad angeliefert –, Bio-Geflügel, Lammfleisch, zur Saison Martinigänse und -enten auf Vorbestellung, Salami, Speck und Wurst … fehlt irgendwas? Ja genau, Fisch gibt es auch, frisch und geräuchert. Beeindruckend, was so ein schlicht als „Biostand" bezeichneter winziger Markt alles zu bieten hat.

Markt vor der Sargfabrik:
Goldschlagstraße 169, 1140 Wien
Donnerstag 14–19 Uhr

Zum Vertiefen
www.arge-rosenauerwald.at

15. Rudolfsheim-Fünfhaus

Wiens Basar

Der Meiselmarkt im 15. Bezirk ist Wiens einzige Markthalle.

Angeblich beginnt der Balkan ja am Rennweg, doch Fürst Metternich, von dem diese Behauptung stammen soll, war eben nie auf dem Meiselmarkt. Oder eigentlich: im Meiselmarkt, denn dieser ist seit der ersatzlosen Schließung des Landstraßer Marktes Wiens einziger Indoor-Markt. Das war nicht immer so: Der 1905 eröffnete Markt am Rand des kurz zuvor rasch hochgezogenen Stadtteils Neufünfhaus bestand ursprünglich aus den für Wien typischen kleinen Marktständen und entwickelte sich rasch zu einem der größten, beliebtesten und „urigsten" Märkte der Stadt. In den 1990er-Jahren musste er einem Neubauprojekt weichen. Die originalen Stände wurden 1995 abgetragen, der Markt übersiedelte in einen nicht mehr genützten historischen Wasserspeicher, auf dem ein Wohngebäude errichtet worden war. Die Übersiedlung hat dem Markt nicht gutgetan: Durch die lange Bauzeit wurden Kunden vertrieben, die Mieten in der neuen Halle waren den alteingesessenen Standlern zu teuer, viele warfen das Handtuch. Dabei ist die neue Lösung durchaus reizvoll: Das Gewölbe des Wasserspeichers verleiht dem Markt eine stimmungsvolle, an einen Basar erinnernde Atmosphäre, die allerdings durch den billigen Fliesenboden und die Rolltreppe, die ihn mit dem darüber befindlichen Einkaufszentrum verbindet, gestört wird.

Schön ist er dennoch, der mittlerweile auch nicht mehr ganz neue Meiselmarkt, und vor allem: Er ist ein Stück balkanisches Wien, bunt, duftend und lebensprall, das man in vollen Zügen genießen kann – vorausgesetzt, man hält den Anblick von Fleisch aus, und zwar von richtig viel Fleisch. Es

Simars Früchteparadies

sind vor allem serbische und türkische, kroatische, polnische und bulgarische Fleisch- und Geflügelhändler, die den größten Teil dieses Marktes ausmachen. An Samstagen, vor allem aber vor orthodoxen Feiertagen türmen sich Dutzende Spanferkel in den über den Markt verteilten Ständen des serbischen Fleischers Alex, doch auch wer auf der Suche nach dalmatinischem Rohschinken, slawonischen Würsten, polnischem Rindfleisch oder Halal-Geflügel oder -Innereien ist, wird hier rasch fündig. Was nicht heißt, dass es kein Obst und Gemüse gibt, ganz im Gegenteil: Betritt man wie ich heute den Markt von der ins Gebäude integrierten U3-Station, steht man schon mit beiden Beinen mittendrin in Simars Früchteparadies, einem auf mehrere Stände verteilten türkischen Obst- und Gemüseimperium, bei dem es vom stets frischen Jungspinat bis zur Flugmango alles zu geben scheint, was das Herz begehrt, und das in rauen Mengen sowie gekonnt in Szene gesetzt. Beeindruckend, wie überhaupt die ganze Marktgasse, die ins Zentrum der Halle führt: Özdemir und Simar teilen sich die Stände, die einmal

Im Meiselmarkt

vor Obst und Gemüse überquellen, dann wieder vor farbenfrohen Cremetorten, riesigen Croissants und anderem Gebäck, türkischen Broten, gefüllt oder ungefüllt … eine üppige Pracht, vor allem an eisigen Wintertagen lässt es sich hier so richtig von südlicheren Gefilden träumen. Die Bäckerei Schrott von der nahen Mariahilfer Straße hat am zentralen Platz mit der Rolltreppe eine Filiale, ihre wunderbaren Meraner Kipferl und ihr Wandl-Sandwich genannter Toastlaib seien hier kurz hervorgehoben. Eine stets wohlsortierte Radatz-Filiale erfüllt gleich nebenan gehobene Ansprüche der Wiener Kundschaft. Wer es lieber kroatisch hat, geht zur jungen Fleischerei Matejic gleich nebenan. Polnische Spezialitäten führt Josef Wyka. Weiter geht es im Uhrzeigersinn mit Atlantik Fisch, einem Stand mit angeschlossenem Restaurant, der zuverlässige Qualität bei Seefisch und Meeresfrüchten bietet, aber auch lebende Karpfen innerhalb weniger Sekunden in praktisch portionierte Filets verwandelt. Bei „exotic green" bekommt man Lebensmittel aus Afrika und Lateinamerika, vor allem aber aus Asien, wie ein Korb mit

Ingwer, Süßkartoffeln und einigen Eddoe-Knollen vor dem Eingang zeigt. Reis kauft man hier in Zwanzig-Kilo-Säcken.

Vorbei an einem bulgarischen „Balkan-Market"-Stand, bei dem es eingelegtes Gemüse in allen denkbaren Variationen gibt, zwischen dem Stand des kroatischen Fleischhauer Lukic und dem seines türkischen Kollegen Ekin, dessen Vitrine auf Bosnisch ausgeschildert ist, liegt der Stand der Konditorei Angelmayr, einer kleinen, familiären Konditorei wie aus dem Bilderbuch, die für ein Stück bester Wiener Tradition mitten im Balkan-Basar steht. Die ganze Bandbreite von hausgemachten Strudeln ist adrett hinter der Vitrine präsentiert außerdem Esterházy- und Kardinalschnitten, Topfentorte sowie Apfelkuchen, Schneeballkrapfen, und auch ein paar bunt verzierte Lebkuchenfische, die man zu Silvester verspeist, aber von hinten beginnend – auch so eine österreichische Tradition, die spurlos an mir vorübergegangen ist.

Orientalisch geht es weiter: Beim Stand des liebenswürdigen Mohammad Ali Malek aus dem Irak bekommt man alle Arten von arabischen Lebensmitteln, beim benachbarten Nora Markt solche aus Ägypten. Vor dem Ausgang zum Bauernmarkt, bei der weniger spektakulären, aber freundlichen türkischen Obst- und Gemüsehandlung „Alp Früchte", biege ich noch einmal rechts ab in Richtung Marktinneres: Eine meiner Lieblingsadressen auf dem Meiselmarkt ist die Fleischhauerei Stierschneider aus der Märzstraße, die hier einen von der Chefin persönlich geführten Stand betreibt – und Frau Stierschneider legt Wert darauf, ihre Kunden immer wieder mit besonderen Dingen zu überraschen. Heute hat sie Wachteln in der Vitrine, ein anderes Mal ein besonders schönes Stück Wild. Ein Besuch bei der Wiener Traditionsfleischerei lohnt sich schon allein wegen der gut gereiften Steaks am Knochen, aber auch selten gewordenen, für die Wiener Küche unabdingbaren Stücken wie Fledermaus oder Wangerl von

Schwein und Rind, Kruspel- und Kavalierspitz und wie sie alle heißen. Samstags muss man sich vor diesem Geschäft anstellen, doch das ist sinnvoll investierte Zeit.

Überhaupt, der Samstag: Da ist auf dem kleinen südlichen Platz vor dem Meiselmarkt Bauernmarkt – und auch wenn dieser nicht zu den größten seiner Art zählt, so ist er doch nicht zu verachten: Rudolf Leger etwa, ein steirischer Fischzüchter, steht hier jeden Samstag mit einem Wagen voller bildschöner See- und Bachsaiblinge, Bach- und Lachsforellen, in allen Größen, filetiert oder im Ganzen, alles von konkurrenzloser Qualität. Nicht zu vergessen die selbst gemachten Aufstriche und Fischsuppen. Stets gut besucht ist auch der Stand von Robert Schaar aus Hollenburg mit seiner einzigartigen Apfel- und Birnenvielfalt – ich würde etwa Birnen der Sorte „Pierre Corneille" allein des Namens wegen kaufen, sie schmecken aber auch wirklich gut. Je nach Jahreszeit findet man bei dem von freundlichen StudentInnen betreuten Stand auch Kriecherl, Zwetschken, Nüsse

Rudolf Leger

Beim Stand von Robert Schaar

und Beeren aller Art sowie Säfte und Marmeladen, die nicht übersüßt sind, aber intensiv fruchtig schmecken, etwa nach Wachauer Marille. Gegenüber verkauft die steirische Selbstvermarkterin Sabine Höllerbauer Schweinefleisch vom eigenen Hof, Speck und Würste, Bauernbrot, Honig und die Joghurts der „Milch-Marie" Elisabeth Gratzer: Die Agrarwissenschaftlerin hat nicht nur eine Dissertation über die „Herdengesundheit bei Milchkühen" geschrieben und hält ihre Tiere dementsprechend, sie versteht es auch, köstliche, nicht zu süße Joghurtsorten zu erfinden: Birne mit Ras-el-Hanout zum Beispiel oder Ingwer-Kardamom.

Preisgekrönten Bio-Honig bekommt man bei der sympathischen Imkerei Mairhofer aus Rainfeld, eine ordentliche Käseauswahl beim Käsestand der Wiedner Edelgreißlerei Opocensky und ein saisonal wechselndes, reichhaltiges Angebot bei der Gärtnerei Nedjalkow aus Pöttelsdorf im Südburgenland.

Meiselmarkt:
Montag bis Freitag 6–19:30 Uhr, Samstag 6–17 Uhr
Bauernmarkt am Samstag von 8–13 Uhr

Zum Vertiefen
www.konditorei-angelmayer.at
www.fleischerei-stierschneider.at
www.fischzucht-leger.at
www.hoellerbauer.eu

Totgesagt & quicklebendig: der Schwendermarkt

Auch der Schwendermarkt war schon einmal größer: 1833 als riesiger Marktplatz für die Bezirke 12, 13 und 14 angelegt, übersieht man ihn heute leicht. Er besteht nur noch aus ein paar in eine Geländekante geschmiegten Marktbuden, auf die

Nina Strasser

ein überdimensionales Schild an der Mariahilfer Straße hinweist, neben den beiden Marktständen eines Geflügel- und eines Fischhändlers, was insgesamt wenig einladend wirkt. Man sollte sich aber nicht abschrecken lassen. Auch wenn dieser kleine Markt seit Langem totgesagt wird, so lebt er heute doch besser als noch vor wenigen Jahren.

Aufregender ist er von seiner anderen, der ehemaligen Vorstadt Braunhirschen zugewandten Sonnenseite. Dienstags, donnerstags und freitags findet da ein kleiner Wochenmarkt statt, bei dem man neben Weinviertler Wein und anderen Spezialitäten vom Winzer auch ordentlich Käse, Obst und Gemüse kaufen kann, was bei den fixen Ständen nicht möglich ist. Dort gibt es dafür, abgesehen von den zwei unvermeidlichen Markt-Beiseln und dem beliebten kleinen Restaurant „Viennas Vietnam", auch drei Stände, an denen Dinge abseits des Mainstreams passieren. Eingeleitet wurde die Wiederentdeckung des Marktes von der „Palme 13", einem Marktlokal mit selbst gebauten und mit Vintage-Möbeln, in dem es ein Mittagsgericht gibt, das sich aber auch als „Raum für Kunst und Unterhaltung" versteht. Daneben befindet sich das „Landkind". Die junge Steirerin Nina Strasser hatte im PR-Bereich gearbeitet, wollte sich aber beruflich verändern und ging zunächst einmal auf Weltreise. Was grundvernünftig war: Als sie zurückkam, erfuhr sie, dass der Stand ganz in der Nähe ihrer Wohnung frei wurde – und übernahm ihn gleich. Gemeinsam mit ihrem Bruder betreibt sie jetzt einen Bioladen, in dem man auch frühstücken, zu Mittag essen und abends jausnen kann. Ein gutes Konzept, bei dem das sehr gute Produkt im Vordergrund steht: Es gibt Pasteten und andere Schweinereien vom Biohof Labonca, dessen Tiere das ganze Jahr artgerecht im Freiland gehalten werden, Pilzsugo und -pesto von den Wiener Neo-Pilzzüchtern „Hut und Stiel", die die Schwammerln nicht wie alle anderen auf Pferdemist, son-

Unverschwendet

dern auf Kaffeesud wachsen lassen, ein feines Weinsortiment, Hülsenfrüchte, Tees, Nudeln und alles, was das Herz sonst noch an spannenden Bio-Lebensmitteln begehren könnte, die sonst nicht so leicht aufzutreiben sind. Sie könne es selbst noch nicht glauben, dass sie jetzt ein Marktstandl hat, erzählt mir Nina bei meinem Besuch – da ist die Kundschaft schon weiter, die die familiäre Atmosphäre beim Landkind sichtlich zu schätzen weiß.

Diese herrscht auch einen Stand weiter. „Unverschwendert" lese ich zunächst und denke, dass sich da jemand an einem subtilen Namenswitz versucht hat, habe mich aber verlesen: „Unverschwendet" heißt der Stand, und auch er wird von Geschwistern geführt. Sein Name enthält bereits das Programm: Cornelia Diesenreiter, gelernte Köchin mit Studienabschlüssen in Umweltressourcen-Management und Nachhaltigem Design, möchte etwas gegen die Verschwendung von Lebensmitteln unternehmen. Ihre Idee: Lebensmittel verwerten, die auf dem Müll landen würden – weil sie nicht schön genug für den Verkauf sind, weil es gerade „zu viel" davon gibt, weil niemand Lust hat, sie rechtzeitig zu ernten. Sie testete ihr Vorhaben zuerst im kleinen Maßstab, bat Bauern um überschüssiges Obst und Gemüse und experimentierte mit Marmeladen- und Siruprezepten, kochte Brombeeren mit Whisky und Lavendelsirup ein, machte Chutneys aus Tomaten und Kürbissen. Seit Oktober 2016 ist sie nun auf dem Schwendermarkt, eine Crowdfunding-Kampagne gab dem Unternehmen Schwung. Am Tag nach einem Zeitungsartikel, der über ihren Plan berichtete, riefen bereits einhundertfünfzig Menschen an, die nicht mehr wussten, wohin mit dem Obst und Gemüse auf Feld und im Garten, und seither hat die Unverschwenderin alle Hände voll zu tun. Mittlerweile ist ihr Bruder Andreas, der eigentlich aus dem Multimedia-Bereich kommt, in den Betrieb eingestiegen, der bereits einen Praktikanten beschäftigt. Auch dem wird nicht so schnell langweilig werden: 50.000 Gläschen zu je 160 g will sie nächstes Jahr in der kleinen Küche hinter dem Verkaufslokal auf dem Schwendermarkt befüllen. Ein absterbender Markt sieht definitiv anders aus.

Schwendermarkt:
Bauernmarkt: Dienstag bis Freitag 8–18 Uhr

Zum Vertiefen
www.facebook.com/landkindwien
www.facebook.com/palme13
www.unverschwendet.at

16. Ottakring

Es kommt nicht auf die
Länge an, Teil II

Wien liebt die Superlative. Oder jedenfalls die Längenvergleiche. Angeblich ist der Brunnenmarkt der längste Straßenmarkt Europas. Mag sein, doch was ist damit groß gewonnen? Ganz so spektakulär lang, wie der Rekord vermuten lässt, ist der Markt nämlich nicht, in ein paar Minuten hat man ihn durchbummelt. Interessanter ist doch, was es hier zu kaufen gibt und welche Atmosphäre herrscht. Die Brunnengasse, die parallel zum Gürtel quer durch den sechzehnten Bezirk führt, liegt inmitten eines migrantisch geprägten Viertels, das wie die meisten Wiener Gründerzeitviertel in den letzten Jahren eine starke Aufwertung erlebt. Der Brunnenmarkt ist eine Lebensader des türkischen, arabischen, südosteuropäischen, auch des afrikanischen und nicht zuletzt des boboisierten Wiens – entsprechend vielfältig ist das Angebot.

Fleischerei Lojic

Beginnt man die Wanderung durch diesen längsten europäischen Straßenmarkt bei der Thaliastraße, sieht er zunächst
einmal ganz „klassisch" aus: Hier findet man Obst- und
Gemüsestände und türkische Geflügelhändler, wenig später aber, schon spezieller, den „African Meat Joint": „Rind
Haut", „Rind Magen", „Rind Leber" liegen in der Vitrine, ein
ganzes Ziegenbein, dazwischen Fleisch und Innereien. Alles
natürlich nicht aus Afrika, aber wohl Zutaten für das eine
oder andere afrikanische Gericht. Das „Toasthouse" ein paar
Schritte weiter hat Ähnliches zu bieten, mit Schwerpunkt auf
Innereien von Rind, Lamm und Ziege. In beiden Läden sorgt
die Kreissäge, mit der Ziegenbeine und andere sperrige Teile
portioniert werden, für eine ganz eigene Geräuschkulisse.
In diesem Abschnitt bietet der Brunnenmarkt ein buntes
Durcheinander von Fisch, Joggingkleidung, Obst, Lederwa-
ren, Gemüse, Küchenbedarf und Geflügel. Nach Querung
der Grundsteingasse mischt sich mit dem Pferdefleischer
Gumprecht beziehungsweise dessen Leberkässemmeln auch

Käseparadies

klassisch Wienerisches ins kosmopolitische Gewusel. Spektakulär ist der Fischstand „Schwarzes Meer" mit seinen wirklich riesigen Fischen im Ganzen. Über drei Kilo wiegt der Silberkarpfen, den ein Kunde gerade zu kaufen überlegt, dann aber doch wieder ins Eis zurücklegen lässt. Vielleicht ist ja das Backrohr zu klein.

Auch „Kicker Geflügel" sticht heraus, ein Geflügelstand mit Fleisch aus dem steirischen Hügelland. Neben Hühnern und dunkelfleischigen Putenoberkeulen gibt es auch Kaninchen und Feldhasen – es ist wohl kein Zufall, dass an diesem eher ruhigen Vormittag, an dem ich unterwegs bin, eine relativ lange Schlange zusammengekommen ist. Ich überquere die Neulerchenfelder Straße, und wieder ändert sich der Charakter des Marktes. Der Obst- und Gemüsestand hat besonders sorgfältig präsentierte Ware, bei gleich zwei Fleischern entdecke ich dalmatinischen Rohschinken, kroatische Würste und Spanferkel. Kein Wunder, die Fleischhauer Lojic und Draca stammen aus Kroatien. Beim Fischhändler nebenan schwimmen lebende Karpfen im Becken, auch der Stand 87 von Bernie Hassan fällt auf mit seinen arabischen Beschriftungen. Der Schwerpunkt des Angebots liegt auf Konserven und Trockenfrüchten.

Noch eine Querstraße, dann kommt der Stand mit der Maus, der schon immer da war: das „Käseparadies" mit der auffälligen Deko und einer riesigen Auswahl an internationalen Käsesorten, vom irischen Bierkäse und blitzblau gefärbtem Gouda über Crottin de Chavignol aus Frankreich bis zum Büffelmozzarella. Fast schon einschüchternd viel, ein bisschen macht man sich Sorgen, woher die unzähligen Käse-Liebhaber kommen sollen, die das alles kaufen – noch dazu, wo mit dem „Vorarlberger Käsestand", der den Begriff „Vorarlberg" sehr großzügig interpretiert, ein Anbieter mit sehr ähnlichem und ähnlich umfangreichem Sortiment in unmittelbarer Nähe ist. Relativ allein auf weiter Flur ist der Stand mit Trockenfrüchten, Nüssen und Gewürzen gleich dahinter, die überschaubare Auswahl wirkt vertrauenerweckend.

Und schon ist der längste Straßenmarkt Europas fast zu Ende, ich bin auf dem Yppenplatz gelandet. Dieser wirkt trotz der neuen Platzgestaltung etwas abgerockt: Der Eindruck kommt wohl von den angegrauten, nach dem Zweiten Weltkrieg von Stuck und Zierelementen befreiten Fassaden der Gründerzeithäuser, die den Platz rahmen. Die einsetzende Melancholie hält jedoch dem zweiten Blick nicht stand: Sieht man genauer hin, ist hier längst alles ganz anders, nämlich neu und angesagt. Das „Wirr" am Brunnenmarkt, eine Dependance eines beliebten Lokals in der Burggasse, hat eine tolle Dachterrasse, die leider gerade saisonbedingt geschlossen ist. Die Brunnenpassage bietet Menschen egal welcher Herkunft die Möglichkeit zur Teilnahme an Kunstprojekten. Eine Vielzahl an Lokalen und Restaurants sorgt für viel Leben zwischen den grauen Fassaden.

Schräg gegenüber dem Wirr befindet sich ein gemauerter Marktstand mit der schlichten Aufschrift „Firma Dkfm. Hans Staud – Marktviktualienhandel – Brunnenmarkt Stand Y 156, 1160 Wien". Sehr viel mehr Understatement ist fast nicht möglich: Es handelt sich um nichts Geringeres als das Flagship-Standl eines Feinkostimperiums, das nicht umsonst Burgtheater, Belvedere und Gloriette auf seiner Homepage zeigt – die Marmeladen, Pardon: Konfitüren, die Kompotte, die Gläser mit Sauergemüse und die Fruchtsäfte, die wenige Gassen weiter mitten in Ottakring produziert werden, sind schließlich auch Wiener Klassiker, die der 1883 von Familie Staud gegründete Betrieb seit Jahr und Tag auf dem Brunnenmarkt verkauft. Freilich: Bis vor wenigen Jahren wurde hier solides Handwerk geboten, aber eben nicht viel mehr als besseres Marillenkompott und Essiggurken. In den 1970er-Jahren wandelte Hans Staud den traditionellen Familienbetrieb in eine Feinkostproduktionsstätte um, die heute zweihundert verschiedene Spezialitäten herstellt, vom Feigenchutney bis zum Zwetschkenröster. Mich locken Mandarinenmarmelade und Limettengelee zum Schaufenster, weiter komme ich leider nicht: Um 12.30 ist hier schon Schluss, ich verpasse den Eintritt ins Feinkostparadies knapp. Schade, es wird ein nächstes Mal geben. Ich umrunde die Stände des Yppenmarktes, der nahtlos mit dem Brunnenmarkt verwachsen ist. Ein paar Schritte weiter oben beweist Irene Strobls von außen recht unscheinbare Vinothek „La Salvia", dass der wahre Urlaub im Kopf stattfindet. Oder war es doch der Magen? In der kleinen, aber reichlich bestückten Wein- und Spezialitätenhandlung findet man das Beste einer auf drei Länder aufgeteilten alten Kulturlandschaft, die von Istrien und Slowenien bis zum Triestiner Hinterland reicht und kulinarisch ein harmonisches Ganzes bildet. Unwiderstehlich lockt hinter der Vitrine ein recht wild verwittertes

Stück Jamar-Käse. „Er reift in einer Grotte im slowenischen Karst recht ungestört vor sich hin", erklärt Irene Strobl – der Eingang der Höhle kann schließlich nur mit Kletterausrüstung erreicht werden. Zum aromatischen Käse aus Slowenien empfiehlt sie kroatischen Rotwein, einen Teran aus Istrien zum Beispiel. Und zum Abschluss: eine nach Zitrone und Vanille duftende friulanische Torta della Nonna. Und es gäbe noch so viel mehr, geräucherten Branzino zum Beispiel, luftgetrocknete Würste, frische Pasta zum Mitnehmen, und dann natürlich die Weine, deren Vielfalt man hier nicht nur hervorragend erklärt bekommt – einige Flaschen sind auch stets zum Kosten geöffnet …

Irgendwie schaffe ich es doch, mich loszureißen, und spaziere weiter zu Martins Biolager, der Zentrale der auf vielen Wochenmärkten anzutreffenden Biomartin-Stände. Dieses Lager ist ein Detailmarkt mit Großmarkt-Allüren, auf dem es in Sachen Bio so ziemlich alles Vorstellbare gibt: Obst und Gemüse der Saison, Milchprodukte, Käse, Fleisch- und Wurstwaren, Getreide, Müsli, Schokoladen … fast schon ein Markt für sich.

Brunnenmarkt: Brunnengasse, 1160 Wien.
Montag bis Freitag 6–19:30 Uhr, Samstag 6–17 Uhr

Zum Vertiefen
www.kaeseparadies.at
www.stauds.com
www.lasalvia.at
www.biomartin.at

Hip, hipper, yppe

Wochentags nur ein Anhängsel des Brunnenmarktes zählt der Yppenmarkt am Samstag zu den schönsten Märkten der Stadt.

Wer die Bobos sind? Immer die anderen. Wo die Bobos sind? Auf dem Yppenplatz. Nun, es wird schon irgendwie stimmen. Damit ist dieser unter der Woche etwas öde wirkende Platz aber nur sehr unzulänglich beschrieben, vor allem, wenn er sich an Samstagen zu einem der schönsten Marktplätze Wiens mausert. Denn wenn ihn auch viele für eine modische Bobo-Spielwiese halten, ist er doch seit vielen Jahrzehnten einer der traditionellen Wiener Bauernmärkte.

Beim Rundgang über den Markt merkt man beides, und das ist gut so: Klassische Marktstände und angesagte Bio-Produzenten, Bauern, die vom Kriecherlbrand bis zur Saumaise alles selbst produzieren, türkische Marktfahrer, In-Lokale, abgewetzte Kaschemmen – so soll ein Markt in der Großstadt ausschauen, da ist für jeden etwas dabei.

Was man hier öfter antrifft, ist die traditionelle, leider seltener werdende Mischung aus Winzer, Fleischhauer und Landwirt in einer Person oder zumindest innerhalb einer Familie. Zum Beispiel, gleich gegenüber dem Fleischhauer Horvath, der Stand der Familie Frank aus Groß Schweinbarth: Die Leberpastete von Frank senior ist allein ein völlig ausreichender Grund, jede Woche auf diesen Markt zu pilgern, die Bratwürste, der Räucherspeck, das Schweinefleisch auch. Der Sohn kümmert sich um den Wein (und um den Most und den Sturm!), die Mutter um beide und um alles, was sie sonst noch so dabei haben: Freilandeier etwa, Erdäpfel, Zwiebeln, Blaukraut, Kürbisse, Zwetschken, Äpfel und sonst noch allerlei.

Richard Schaar aus Krems steht mit seinen Maschantzkern, Topaz und Boskoop sowie verschiedenen Säften und Marmeladen gleich gegenüber. Direktvermarkter Höllerbauer aus der Steiermark ist bekannt für Schweinefleisch, Aufstriche und vor allem die Bratwürste, ob natur, geräuchert oder mit Kürbiskernen. Ein kleineres Bio-Bauernstandl hat Kürbisse, Honig, Eier, Erdäpfel malerisch auf einem Tisch verteilt, gleich nebenan verkauft die Brauerei Erzbräu aus Gaming Klassiker und Raritäten wie Single-Malt-Bier oder ein Starkbier namens Imperial Ale, sowie Birnencider vom Mostbaron. Bei Biofisch sehen die Reinanken wieder einmal besonders verlockend aus, die Saiblinge und Schleien nicht weniger, bei der Fleischerei Walchshofer gegenüber das Rahmgulasch, und ich bin noch nicht einmal mit der ersten Schmalseite dieses Marktes fertig!

Die Längsseite hinunter, in Richtung Brunnengasse, erinnert der Brunnenmarkt an den „Schreimarkt" in der Leibnizgasse: Marktfahrer preisen ihre Ware lautstark an, Melanzani, Paradeiser, Weintrauben und Granatäpfel sorgen für ein interessantes Farbenspektrum, doch ich habe mein Ziel schon vor Augen. Stephan Grubers kaes.at-Stand vor dem Staud-Pavillon. Vielleicht sollte Stephan den Firmennamen auf Tinder-Cheese ändern – seit Kurzem hat er nämlich ein Profil auf der Dating-Plattform: „I am not looking for any relationship – but I would love to sell you my cheese. Every Saturday in front of the Staud's pavillon at the Yppenplatz in Ottakring", scheint bei einem *Match* mit Stephan auf dem Display auf. Und das funktioniert? Stephan zeigt mir wortlos sein Handy: Tatsächlich bedanken sich einige „Matches" für den Tipp und schwärmen vom köstlichen Rohmilch-Käse, den sie – dann doch lieber inkognito – beim kaes.at-Stand auf dem Yppenplatz gekauft haben.

Besser hätten sie es auch kaum treffen können, die Auswahl an Bergkäsen in allen Reifegraden, die von kleinen Bregenzerwälder Bauernhöfen und Sennereien stammen, für Käsknöpfle unverzichtbarer Räßkäse, die Weichkäse des Westschweizer Käsers Michel Béroud, Nuarts Kärntner Schafkäse, Büffel-Blauschimmel, Basler Geißen-Reblochon oder der aus Jersey-Milch hergestellte „Chällerhocker", der so schmeckt, wie Appenzeller eigentlich schmecken sollte, ach was, noch viel besser … es ist jedes Mal aufs Neue eine Kunst, bei kaes.at nicht dem Kaufrausch zu verfallen – nur die Aussicht, in einer Woche eh wieder kommen zu können, hilft.

Stephan Gruber ist eigentlich promovierter Physiker, doch mit Bergkäse ist er groß geworden: Das Haus des Großvaters im Bregenzerwald war Ausgangspunkt für unzählige Wochenend-wanderungen von Alp zu Alp, von Käs zu Käs. Nach der Ma-tura ging Stephan zum Studium nach Wien – im Gepäck dabei war immer ein halber Laib Bergkäse, da es mit der Käsekultur in der Bundeshauptstadt nicht sehr weit her war. Irgendwann während eines Forschungsaufenthalts in den USA hatte er dann die Idee, eine Webplattform zum Online-Käsekauf ins Leben zu rufen, über die man bei Bauern, die er persönlich kannte, Bergkäse bestellen konnte. So entstand kaes.at, das seit vierzehn Jahren unverändert gut läuft und die Bregenzerwälder Bergbauern Jodok, Theresia, Arthur und wie sie alle heißen mit Kunden in ganz Österreich in Verbindung bringt. Die Idee, zum Online-Handel noch einen „richtigen" Handel aufzuziehen, verhinderte zunächst der Uni-Job. Stephans Frau Susanne, die als Botanikerin ebenfalls an der Uni unterrichtete, verwirklichte 2008 den Ausstiegstraum, die Familie stellte versuchsweise einen Stand am Karmelitermarkt auf – ein voller Erfolg, mittlerweile ist kaes.at von seinen drei Marktplätzen nicht mehr wegzudenken.

Schon gut versorgt und mit schwerem Rucksack mache ich meine Runde fertig. Auf der dem kaes.at-Stand gegenüberliegenden Seite des Marktes bleibe ich bei Monika Koppe aus Pillersdorf stehen, an deren Stand es nicht nur besonders große Kürbisse gibt, sondern auch prächtige Sonnenblumen und Astern. Ein Strauß muss jetzt noch mit, eine freundliche alte Dame

Stephan Grubers Tinderkaes

mit Kopftuch wickelt ihn mir ein. Und auch für die Kaffeejause ist gesorgt: Nur wenige Schritte entfernt befindet sich der fixe Stand der Arge Rosenauer Wald, wo der Mohnkuchen – und bei Weitem nicht nur der! – besonders gut ist. Buchweizenhonig hat Imker Kainberger dabei, auch einmal etwas anderes, doch ich hole mir den süßen Abschluss gleich gegenüber: Beim Arche Noah-Gärtner Walter Mayr aus Breitenbrunn gibt es ein paar letzte Feigen – wer weiß, wie lange heuer noch.

Bauernmarkt auf dem Yppenplatz:
Samstag von 9–13 Uhr

Zum Vertiefen
www.weingut-frank.at
www.hoellerbauer.eu
www.biofisch.at
www.erzbräu.at
www.kaes.at
www.arge-rosenauerwald.at

Der 16er-Markt

Wenn die Leute nicht auf den Markt gehen, geht eben der Markt dorthin, wo die Leute sind – so etwas in der Art dürften sich die Marktstandler bei der U-Bahn/S-Bahn-Haltestelle Ottakring gedacht haben. Auf dem Weg zum viel frequentierten Verkehrsknotenpunkt bieten Marktfahrer Obst und Gemüse, Hartkäse, geräucherte Wurstwaren, Eier und Brot an. Eher kein Gourmet-Markt, aber ungemein praktisch.

16er-Markt: S-Bahn-Station Ottakring
Dienstag bis Freitag, ganztägig

17. Hernals

Vielleicht war ja die Konkurrenz zu gut: Zwischen dem Brunnenmarkt in Ottakring und dem Kutschkermarkt in Währing war es für den Hernalser Dornermarkt offenbar schwierig, Kundschaft anzuziehen. Vor ein paar Jahren war Schluss damit, was Hernals ein trauriges Alleinstellungsmerkmal beschert: Es ist der einzige Wiener Bezirk ohne zumindest einen wöchentlich abgehaltenen Markt.

18. Währing

Das Reich der Herzdamen
Vier Frauen haben vor zwanzig Jahren den
Kutschkermarkt gerettet – heute blüht er.

„Weltmeister Kebap", was erwartet man da groß? Den Drehspieß natürlich, ein wenig Schafkäse und Oliven, Obst und Gemüse vielleicht. Dicke Steaks vom kräftig marmorierten Kobe-Rind, aus Japan importiert, eher nicht. Genau das bekommt man aber bei Hüseyin Tanis' Marktstand, wie auch dry aged beef vom Innviertler Hochlandrind, acht Wochen gereift. Dunkelbraun und außen steinhart liegt ein großes Stück vom „Englischen" in der Vitrine. Wer nichts von Fleisch versteht, wird davon vielleicht nicht so angetan sein. Alle anderen werden sich kaum sattsehen können an der Auslage dieses so ganz anderen Kebap-Standls. Natürlich kommen Kunden, die Kobe-Rind kaufen wollen, erklärt Herr Tanis, als wäre das teuerste Rindfleisch der Welt nicht spannender als ein Döner-Sandwich. „So häufig bekommt man das ja nicht in Wien", fügt er hinzu und strahlt. Auch beim trocken gereiften Hochland-Rindfleisch braucht er die Konkurrenz nicht zu fürchten, so wenig wie beim Lammfleisch – nicht in der restlichen Stadt, und schon gar nicht auf dem Markt.

Hüseyin Tanis

„Wir helfen einander und sprechen uns beim Sortiment ab. Es wäre ja für die Kunden ärgerlich, wenn wir alle das Gleiche hätten", bringt der nicht nur beim Kebap weltmeisterliche Marktstandler den Unterschied zwischen dem Kutschkermarkt und den meisten anderen Märkten der Stadt auf den Punkt. „Wir wissen auch genau, wohin wir Kunden, die nach anderen Produkten fragen, schicken können."

So einfach kann es sein, wenn man zusammenhilft. Während Hüseyin seine Kunden auf dem Markt und aus der näheren Umgebung aufzählt, von der Pizzeria bis zum Kindergarten, frage ich mich, warum es auf manchen anderen Märkten nicht so gut gelingt, eine ähnlich freundschaftliche, auf den Kunden sofort überspringende Stimmung zu schaffen. Die Antwort finde ich einen Stand weiter: Weil die anderen keine Frau Pöhl haben. Die Inhaberin des noch immer schlicht „Pöhl's Käsestand" genannten Feinkosttempels in Marktstandl-Form steht am Beginn der Verwandlung des Kutschkermarktes vom abgewirtschafteten, zum Sterben verurteilten Vorstadtmarkt in einen vor Lebensfreude vibrierenden Kraftort für den ganzen Bezirk.

„Anfang der 1990er-Jahre sah es so aus, als wäre das Ende des Marktes nahe", erzählt mir Irene Pöhl in ihrem Büro. Ein Stand nach dem anderen wurde aufgegeben, viele andere jammerten, dass es so nicht weitergehen könne. Vier Frauen wollten sich nicht mit der Situation abfinden und leiteten eine Trendwende ein. „Wir retten den Kutschkermarkt", beschlossen Irene Pöhl mit ihrem Käsestand, Christine Bauer mit ihrem Bauernladen, die Floristin Conny Schneider und die malende Wirtin Maggie Kolb von Maggies Genussgalerie. Sie riefen einen „Genusspfad" ins Leben und erkannten dabei das Potenzial der Gastronomie für den siechenden Straßenmarkt. Zuvor konnte man dort zwar einkaufen, aber weder etwas essen noch ein Glas trinken – dafür gab es nur ein verrauchtes Markt-Tschocherl mit gewöhnungsbedürftigem Stammpublikum.

Die vier Frauen sorgten dafür, dass sich das änderte, und etablierten mit viel Überzeugungsarbeit ein paar Grundregeln auf dem Markt, an die sich schließlich alle hielten: Man redet nicht schlecht über die anderen Standler, denkt nicht nur ans eigene Geschäft, bezieht die anderen mit ein. Heute, zwanzig Jahre später, ist nicht nur die Talsohle längst durchschritten: Wenn alles gut geht, wird der Kutschkermarkt in naher Zukunft wieder wachsen und wie früher einmal über die nächste Querstraße hinausreichen, in den Teil der Gasse, wo derzeit an Freitagen und Samstagen der Bauernmarkt abgehalten wird.

Keine Scheu vor harter Arbeit und ein starker Wille haben nicht nur den Kutschkermarkt in seiner aktuellen Form geprägt, sondern kennzeichnen auch den Werdegang der freundlichen Käsehändlerin, die wohl auch anders kann, wenn es sein muss: Vor fast vierzig Jahren machte sie sich mit einem klapprigen Wagen auf den Weg in die Selbstständigkeit, weil ein Käsestand auf dem Markt gebraucht wurde. Das Thema Käse beschränkte sich in Österreich damals auf industriell hergestellten Emmentaler und Gouda aus den wenigen Zentralmolkereien des Landes. „Ich habe viel von den Kunden gelernt", erzählt Irene Pöhl angesichts ihres heutigen Sortiments bescheiden. Über einhundertfünfzig Käsesorten, die ganze Bandbreite zu Recht berühmter Käse aus Italien und Frankreich, aber zunehmend auch Produkte österreichischer Kleinbetriebe. „Das Handwerk ist wichtig", meint sie, schwärmt von einem mit Safran verfeinerten Ziegenkäse, den sie neulich in Kroatien entdeckt hat und von burgenländischen Kleinproduzenten. Neugierig bleibt sie auch bei anderen Produkten. Den heute in Wien so erfolgreichen Bäcker Öfferl hatte sie als Erste im Programm, erzählt sie zufrieden. „Freude am Leben" steht auf ihrem Käsestand, und es ist eindeutig kein flott-hedonistischer Spruch, sondern ein sehr umfassendes Konzept, das sich dahinter verbirgt.

Irene Pöhl

Freude kommt ebenfalls auf, wenn man vom Käsestand zum Fischgeschäft Takans hinüberschaut, wo ein Topf mit dampfendem Sauerkraut auf dem Tisch vor der Fischvitrine steht. Die Kombination von Fisch und Sauerkraut ist eigentlich zwingend, vor allem im Winter, wie man im Elsass und in Nordfrankreich schon längst weiß. In Wien findet man sie aber noch viel zu selten. Auch im Inneren ist Takans Fischstand großartig, klein wie eine Kombüse, erfüllt vom Duft nach Fisch, Olivenöl und Knoblauch. Man sitzt dicht an dicht, die Stimmung ist ausgelassen und nicht nur das Fisch-Sauerkraut, auch die vielen Teller mit leeren Austernschalen versetzen einen unvermutet von Währing nach Frankreich.

Für Lebensfreude sorgen auch die Obst- und Gemüsestände, geht man weiter in Richtung Währinger Straße, ob man nun bei Ahmet Tahir, Akkas oder Emil Dimitrov einkauft: Da gibt es alles, was das Herz begehrt, von der Marille bis zum Schwarzkohl.

Ausschließlich saisonale Produkte bekommt man hingegen im Bauernladen „Der Bauer" oder beim Froihof-Stand aus den Fischbacher Alpen, teils aus Eigenproduktion, wie das zur Rarität gewordene traditionelle Grubenkraut, teils von Bio-Betrieben aus der Region: Ziegenkäse, Öle, Most, Getreide und vieles mehr.

Am schönsten ist es auf dem Kutschkermarkt an Samstagen, möglichst zur warmen Jahreszeit, wenn Bauernmarkt ist und sich der Straßenmarkt an manchen Abschnitten in einen einzigen lang gestreckten Schanigarten verwandelt, in dem sich *tout Währing* trifft – keine Selbstverständlichkeit, sondern das Verdienst vier entschlossener Frauen.

Kutschkermarkt: Kutschkergasse, 1180 Wien.
Bauernmarkt: Freitag 7–18:30 Uhr, Samstag 7–14 Uhr

Zum Vertiefen
www.facebook.com/weltmeisterkebap
www.kaesestand.at
www.froihof.at

Kaufmanns Laden

Manchmal ist es wirklich nicht schwer, einen guten Namen zu finden: Wenn man zum Beispiel Kaufmann heißt und einen Laden eröffnen will. So geschehen am Johann-Nepomuk-Vogl-Markt, dessen beste Zeit auf den ersten Blick bereits weit hinter ihm liegt.

Kommt man von der Währinger Straße über den Aumannplatz oder den Schubert-Park in Richtung Johann-Nepomuk-Vogl-Markt gewandert, bietet sich dem Auge ein erstaunlicher Kontrast: Gerade noch war Währing ein überaus lebendiger, hübscher Bezirk mit gepflegten öffentlichen Räumen und abwechslungsreichen Erdgeschoßzonen – hier oben hingegen drückt eine etwas triste Stimmung aufs Gemüt: Straßen wie die Kreuzgasse, die direkt zum Markt führt, sind baum- und trostlose Schneisen, kleine Läden sucht man vergeblich, der Markt scheint irgendwo zwischen Dornröschenschlaf und

Petra und Maria Kaufmann

klinischem Tod vor sich hinzudämmern. In einem von der Gebietsbetreuung gemieteten Kiosk, in dem Ideen zur Neugestaltung des Areals gesammelt werden, hängt ein Plakat mit folgendem Text: „Kommen Sie näher! Heute im Angebot: Lebensqualität, scheibchenweise und im Ganzen."

Betritt man den Markt, klingt der Spruch stark nach Zukunftsmusik. Ein bisschen Obst und Gemüse, ein paar unvermeidliche Schnellimbisse, das nicht minder unvermeidliche verrauchte Markt-Beisl – das sind schon sehr dünne Lebensqualitätsscheibchen, wenn überhaupt.

Und dann gibt es eben noch den „Kaufmannsladen", den Petra Kaufmann hier eröffnet hat und nun gemeinsam mit ihrer Schwester Maria betreibt. Vor dem schön renovierten Marktstand sind Erdäpfel mit exotischen Bezeichnungen in Holzkistchen präsentiert: „Odenwälder Blaue", „Red Duke of York", „Peachbloom". Die Knollen mit den adelig klingenden Namen kommen aber nicht von weit her, sondern wie das Meiste im Kaufmannsladen aus dem Waldviertel. Wer glaubt, dass dort nicht viel wächst außer Mohn und Erdäpfeln, wird auf den wenigen Quadratmetern des Kaufmannsladens aus dem Staunen nicht herauskommen. Kamut-Bier der Waldviertler Brauerei Dangl gibt es hier, Waldviertler Gin und Whisky der Destillerie Rogner, Hanfzelten aus Zwettl, Bio-Brote von Waldviertler Holzofen-Bäckereien, Rockabilly-Wein, der zwar nicht im Waldviertel wächst, sondern in der Retzer Gegend – aber das ist ja schließlich nicht allzu weit weg. Die Wurst liefert die Bio-Fleischerei „Freiländer" aus Ebreichsdorf, die Äpfel die Bio-Gärtnerei Filipp, und so ließe sich eine lange Liste mit interessanten kleinen Betrieben fortsetzen. Alle stellen sie Lebensmittel her, die alles andere als Massenware sind, und die Kaufmann-Schwestern, die auf einem Waldviertler Bauernhof aufgewachsen sind, können auf Wunsch zu jedem ihrer Produkte die passende Geschichte erzählen – schließlich kennen sie alle „ihre" Produzenten persönlich.

Wenn sie nicht überhaupt selbst produzieren: Maria, gelernte Buchhändlerin, ist im Kaufmannsladen fürs Einkochen und Ansetzen zuständig und sorgt für eine sich ständig wandelnde Auswahl an selbst gemachten Marmeladen und Getränken wie Limoncello aus Bio-Zedratzitronen, die zwar nicht im Waldviertel wachsen, sondern in Kalabrien – was aber sicher besser so ist. Petra, die aus der Gastronomie kommt, bäckt Kuchen und kocht das eine oder andere Mittagsgericht, heute etwa Süßkartoffel-Ricotta-Quiche, Kartoffel-Kürbisstrudel und einen unwiderstehlichen Topfen-Vanillekuchen.

Kein Wunder, dass die Menschen im Grätzel den Marktstand zu schätzen wissen, es ist gar nicht so leicht, eine ruhige Minute zum Plaudern zu finden: Das Kommen und Gehen ist rege, es wird eingekauft und getratscht, eine Runde Mütter mit Babys macht es sich bei Kaffee und Kuchen gemütlich – der Kaufmannsladen ist einer dieser Orte, an denen man sich sofort willkommen fühlt, ob man nun zu den Stammkunden zählt oder nicht.

Eine Frage, die mich schon seit Langem beschäftigt, werde ich hier auch noch los: Waldviertler Mohnzelten sind auf Wiener Märkten in den letzten Jahren sehr häufig zu finden, werden aber oft mit Margarine statt Butter hergestellt, was mich immer wieder wundert. Petra Kaufmann nimmt mir den Wind aus den Segeln: Früher kam weder das eine noch das andere in den Erdäpfelteig, sondern Schweineschmalz. Mohnzelten waren im Waldviertel das traditionelle schnelle Essen für unterwegs, das man noch schnell in die Schürzentasche steckte, bevor man für den Tag aufs Feld oder in den Wald zum Arbeiten ging. Und dafür verwendete man Zutaten, die es auf jedem typischen Waldviertler Bauernhof reichlich gab: Erdäpfel, Mohn und eben Schmalz. Und so landet man nach der kulinarischen Weltreise durchs Waldviertel, zu der der Kaufmannsladen einlädt, eben doch wieder bei den Ur-Waldviertler Zutaten – nur sieht man sie plötzlich in einem ganz anderen Licht.

Johann-Nepomuk-Vogl-Markt:
Johann-Nepomuk-Vogl-Platz, 1180 Wien
Montag bis Freitag 6–19:30 Uhr, Samstag 6–17 Uhr

Zum Vertiefen
www.kaufmannsladen.wien
www.facebook.com/kaufmannsladenwien

Die Fleischerei als Grätzel-Zentrum

Ob man bei den Ständen des Gersthofer Marktes zu beiden Seiten der S-Bahn-Station noch von einem Markt sprechen kann, ist fraglich: Abgesehen von einer Bäckerei-Filiale und einem durchaus respektablen Obst- und Gemüsestand sind hier ausschließlich Schnellimbisse und Café-Ketten eingemietet, Markt-Atmosphäre findet man kaum mehr vor. Dafür aber einen der besten Fleischhauer der Stadt: Den vor Kreativität und Lust an seinem Handwerk nur so sprühenden Josef Bauer, der in seinem zur Feinkosttheke ausgebauten Fleischhauer-Stand Eigenkreationen anbietet wie Lungenstrudel vom Lamm, aderngepökelten Beinschinken vom Mangalitza-Schwein, Mangalitza-Speckwürfel, die mit Gewürzen trocken gebeizt, gedämpft und mit Paprika eingerieben werden und auf der Zunge zergehen, Wildschweinwurst mit Pistazien, Hirschkalbsleberkäse, Lammrohschinken und -grillwurst

und vieles mehr. Josef Bauer und seine Frau Eva sind auf Bauernhöfen aufgewachsen und haben sich über die Jahre ein Netz an bäuerlichen Kleinbetrieben aufgebaut, von denen sie ihre Produkte beziehen. Das Lamm kommt von der Bio-Schafzucht der Frau Strobl aus Unterpertholz, Kalb und Rind von

Gersthofer Markt

Kleinbauern aus Raabs an der Thaya und das Wild von der eigenen Kundschaft: Von den fünf Jägern, die die Fleischerei während der Wildsaison beliefern, leben zwei in unmittelbarer Nachbarschaft, einer ist der Besitzer des Modegeschäfts gleich gegenüber. Regelmäßig organisieren Josef und Eva Bauer gemeinsam mit Irene Pöhl vom Kutschkermarkt Käse-Verkostungen. Auch Kochkurse haben sie schon veranstaltet, damit die Menschen wieder lernen, was man mit den seltenen Stücken, die es bei ihnen zu kaufen gibt, alles machen kann. So wird auch aus dem sonst eher tristen Gersthofer Markt ein Grätzel-Nervenzentrum, für das die umtriebigen Fleischhauer fast im Alleingang sorgen.

Gersthofer Markt:
Fleischerei Bauer, www.fleischerei-bauer.at

19. Döbling

Der feine Unterschied

Döbling hat den Karl-Marx-Hof, Oberdöbling den Karl-Mark-Hof. Der Unterschied zwischen den beiden Gemeinde-bauten ist nur dem Klang nach gering: Das Haus mit dem „x" ist *das* emblematische Bauwerk des Roten Wiens, das längste Wohngebäude der Welt, ein Tourismus-Magnet, monumental, größenwahnsinnig und theatralisch. Der Oberdöblinger Gemeindebau hingegen wirkt beschaulich, heimelig und fast schon biedermeierlich, jedenfalls im Vergleich zu seinem Fast-Namensvetter. Die geringere Prominenz „ihres" Gemeinde-baus dürfte die Oberdöblinger nicht stören, ganz im Gegenteil: Das Zurückhaltende, Vornehme passt schließlich viel besser zum ruhigen, aber nicht langweiligen Viertel rund um die lebendige, nicht quirlige Obkirchergasse. Und genau gegen-über dem Karl-Mark-Hof liegt dann auch noch der Markt, der genau in diese Gegend passt: der Sonnbergmarkt auf dem gleichnamigen Platz.

Sonnberg Markt

„Mit Liebe gemacht vom Scheff" steht in einem der Markt-stände auf der selbst gemachten Gänseleberpastete im Glas, deren Ausgangsprodukt nicht aus Ungarn stammt, sondern aus dem Elsass: „Weil sie besser ist", lautet die schlichte Antwort auf meine Frage nach dem Grund für den weiteren Anfahrtsweg, und damit ist eigentlich schon alles über diesen Betrieb gesagt: Bei Gutfleisch kauft man nicht billig ein, aber die Qualität stimmt. Freilandhühner aus dem Sulmtal, Weidegänse und -enten, Fisch vom Gut Dornau, Alpenlachs und Wildsaibling. „Scheff" Georg Gutfleisch und seine Mutter kümmern sich mit Verve und Charme um ihre Kunden, egal ob auf Deutsch, Englisch oder Döblingerisch. Ob es wirklich stimmt, dass der gebackene Kabeljau mit hausgemachtem Erdäpfelsalat „die berühmteste Fischspezialität Wiens" ist, wie man hier selbstbe-wusst betont, weiß ich nicht, aber vorstellbar ist es.

Groß ist er ja nicht, der Sonnbergmarkt. Zwei Obst- und Gemüsehändler bieten ein dem Ort angemessenes, also erlesenes Sortiment an, Radatz sei Dank ist die Versorgung mit Fleisch und Wurst über jeden Zweifel erhaben. Statt dem üblichen Markt-beisl sitzt man in einem netten Café, und dann gibt es noch Haug. Auch in diesem Marktstand ist das Prinzip, nach dem die Ware ausgewählt wird, leicht zu durchschauen: Man bietet einfach von allem das Beste. Brot vom Waldviertler Slow-Bäcker Kasses, Spitzenweine aus Wien und Frankreich, edle Schokola-den, eine Käsetheke, wie sie schöner nicht sein könnte, was auch für die Pasteten, Würste und Schinken gleich daneben gilt – und Personal, das dem nicht immer leicht zufriedenzustellenden Oberdöblinger Publikum gewachsen ist: „Ich will Mortadella-scheiben bitte schön und nicht solche Fetzerl, und nehmen S' nur ein halbes Papier, das hat Ihr Kollege auch geschafft." – Wem es gelingt, eine gleichzeitig höfliche und humorvolle Antwort dar-auf zu geben, der darf sich bei Haug um eine Stelle bewerben. Schwierig ist es nur, sich nach dem erhebenden kurzen Bummel durch den Sonnbergmarkt, bei dem der abgedroschene Spruch „klein, aber fein" ausnahmsweise einmal wirklich passt, wieder in dieser schnöden Welt da draußen zurechtzufinden.

Sonnbergmarkt: Sonnbergplatz, 1190 Wien.
Montag bis Freitag 6–19:30 Uhr, Samstag 6–17 Uhr

Zum Vertiefen
www.gutfleisch.at
www.haug-delikatessen.at

Frau Gräfins Wochenmarkt

„Der hochgebornen Frau Therese Gräfin Gatterburg" fehlt der rechte Arm, ein Stahlrohr ragt aus ihrer Schulter. Es ist kein schöner Anblick, den die Statue der ehemaligen Besitzerin der Herrschaft Oberdöbling heute bietet. Ihr den Rücken zuzukehren, kann aber auch ganz andere Gründe haben: Am Mittwoch ist Bauernmarkt in der Gatterburggasse, und selbst wenn dieser an manchen Tagen auf nur zwei Anbieter zusammenschrumpft, bringt er doch nicht nur etwas Leben ins beschauliche Villenviertel, sondern auch Lebensmittel, die den Abstecher von der Döblinger Hauptstraße lohnen.

Trauben, Nüsse, Rüben, Kohlgemüse, Kürbisse, allerlei Wurzelgemüse, Äpfel – vor allem die Boskoop sind verlockend! – haben Herr und Frau Adil dabei, eigentlich erkennt man nur an den Kakis, dass sie kein „richtiges" Bauernstandl haben, sondern als Marktfahrer ihre Ware auf dem Großmarkt kaufen. Wie man sieht, muss man auch das können, das Sortiment der beiden ist gut durchdacht. Beim zweiten Marktstand wird bewährte Qualität geboten: Der steirische Direktver-

Herr und Frau Adil

markter Bscheider, hier der Chef persönlich, verkauft bäuerliche Produkte aus der Südsteiermark, Sulmtaler Geflügel, Schweine-, Lamm- und Rindfleisch, Kraut und Knödel, Würste, Kuchen, Brot, Kärntner Kasnudeln ... ein richtiger One-man-Bauernmarkt eben.

Döblinger Wochenmarkt:
Gatterburggasse 8–10, 1190 Wien
Mittwoch 9–18 Uhr

Nussdorfer „Markt"

Noch einen Markt findet man in Döbling: den Nussdorfer Markt, doch dort erinnern nur noch eine Blumenhandlung und das Marktcafé an die ursprüngliche Bestimmung der zur Kebap-, Pizza-, Sushi-, Falafel- und Schnitzelmeile verkommenen Zeile von Marktständen. Immerhin gibt es im Dezember Christbäume vom Bauern.

Nussdorfer Markt:
Heiligenstädter Straße 158–160, 1190 Wien

20. Brigittenau

Marktfahrer zum Küssen

„Manche Kunden hätten uns am liebsten abgebusselt, als wir wieder da waren", erzählt Maria Auer von ihrem Comeback auf dem Hannovermarkt in diesem Frühjahr. Gesundheitliche Probleme hinderten sie und ihren Mann Erwin einige Monate daran, zum wöchentlichen Bauernmarkt am Samstagvormittag zu fahren, dem sie seit 1989 die Treue halten. Nun sind die beiden Produzenten aus Großengersdorf wieder im Einsatz und verkaufen ihr selbst gezogenes Obst und Gemüse, dessen Qualität sich längst herumgesprochen hat: Während wir plaudern, steuert ein Mann den Stand gezielt an und kauft einen über zehn Kilo schweren Muskatkürbis im Ganzen. Die Auers stechen schließlich auch ein wenig aus dem Trubel des samstäglichen Bauernmarktes beim Hannovermarkt heraus: Sehr viele „richtige" Bauern sind abgesehen von den beiden hier nicht anzutreffen, es dominieren Marktfahrer mit durchaus

Frau Auer

üppigem, aber eben nicht unbedingt lokalem Angebot vom Großmarkt. „Das war aber früher auch nicht besser", warnt mich Erwin Auer vor falscher Nostalgie. Sie waren 1989 überhaupt die ersten Bauern auf dem Brigittenauer Markt. Gemeinsam mit dem Winzer Ettl aus Podersdorf, der gerade, als ich komme,

seinen Stand wegräumt, machten sie den Samstag erst zum
„Bauern"-Markttag.

Heute sagen sie oft „noch" oder „nicht mehr", wenn sie von
ihrem Standler-Dasein sprechen: Noch sind sie gerne da, doch
alles schaffen sie bei aller Liebe zum samstäglichen Festtag
und zu ihren Kunden nicht mehr. Zum Beispiel das Backen,
das geht sich einfach nicht mehr aus. Die Kinder – „alles
G'studierte" – werden den Stand wohl kaum übernehmen,
aber noch ist ja Zeit, und die Stimmung hier ist selbst bei
hartnäckigem Wiener Novembernebel heiter. Eine fröhliche
Menschenmenge wogt durch die Stände, die Ware ist farben-
froh und preiswert, Musiker aus den Anden, die man zwischen Kraut- und Salathäupeln hervorlugen sieht, sorgen für
die passende klangliche Untermalung.

Ich lasse mich durch die Stände treiben, bleibe noch kurz
bei Maria Hertl aus Strohnsdorf im Waldviertel hängen.
Auch sie verdient die Bezeichnung „Bauernstandl", ihr Obst
und Gemüse stammt zum Großteil aus Eigenproduktion. So

wie die Würste, die es bei Andrea Hofmann aus dem Burgenland gibt, neben einer schönen Käse-Auswahl – und auf Vorbestellung bekommt man auch Wasserbüffel und graues Steppenrind. Es lohnt sich durchaus, auf diesem Bauernmarkt etwas genauer hinzuschauen, dann findet man nicht gerade alltägliche Ware.

Auch die Ladenzeilen des „eigentlichen" Hannovermarktes sind einladend, dominiert wird dieser Markt von Händlern aus der Türkei und aus Südosteuropa, das Angebot und das Sprachengewirr sind dementsprechend bunt. Kurz plaudere ich mit einem Herrn, der mit Burnus und Turban einem orientalistischen Klischeebild entsprungen zu sein scheint, mich aber zum Chef weiterschickt, als ich ihm Kräuter abkaufen möchte. Einer der besten Stände hier gehört Heinz Schreiner, einem dieser nur noch auf Märkten anzutreffenden Spezialisten für Wild und Geflügel, der heute neben den üblichen Hendln auch Feldhasen, Kaninchen, Entenkeulen und Reh in der Auslage liegen hat. Einladend ist auch die Ware der Halal-Fleischereien, bei Bahar Fleisch baumeln ganze Lämmer in einer Kühlvitrine hinter dem Tresen. Den restlichen Markt färben Khaki- und Granatäpfelberge orange-rot.

Als ich noch einmal bei den Auers vorbeischauen möchte, ist auch deren Stand schon abgebaut – macht nichts, sie werden noch einige Jahre mit dafür sorgen, dass der Bauernmarkt seinen Namen verdient. Und wer weiß, ob es den beiden mit dem Aufhören so ernst ist. Die Schwiegermutter, hat Erwin Auer vorhin erzählt, fährt nach Wien auf den Markt, seit sie siebzehn Jahre alt ist. Zum ersten Mal war das im Jahr 1946. Damals war sie regelmäßig auf dem Schlingermarkt anzutreffen, heute, mit 87 Jahren, verkauft sie immer noch Blumen, allerdings auf dem Yppenmarkt. Ich zeige ihm das Foto der Frau, bei der ich dort vor Kurzem einen schönen Strauß Astern gekauft habe. Und tatsächlich: Es ist die Schwiegermutter, die das Marktfahren noch lange nicht aufgeben will.

Hannovermarkt: Hannovergasse, 1200 Wien
Bauernmarkt: Samstag 6–13 Uhr

Markt auf dem Maria-Restituta-Platz

Ähnlich wie in Ottakring haben sich auf dem Platz vor dem Verkehrsknotenpunkt Handelskai mehrere Marktstandler angesiedelt. Kein Bauernmarkt, aber ein breites Angebot an Obst, Gemüse, Wurstwaren und Brot in verkehrsgünstiger Lage.

**Markt auf dem
Maria-Restituta-Platz:**
1200 Wien
Montag bis Samstag,
ganztägig

21. Floridsdorf

Shopping im Roten Wien

Sie sind eine ideale Kulisse für Masseninszenierungen, marschierende Kolonnen, Arbeiterchöre, schmetternde Fanfaren: die „klassischen" Gemeindebauten des Roten Wiens, errichtet in den 1920er- und 1930er-Jahren. Ihre Architektur bleibt beeindruckend, doch beschleicht einen heutzutage beim Besichtigen der großzügigen Anlagen manchmal ein gewisses Gefühl der Leere. Nicht so beim Floridsdorfer Schlingerhof, einer der besonders trutzig-selbstbewussten Arbeiterburgen des Roten Wien: Der Floridsdorfer Markt, Schlingermarkt genannt, steht noch in all seiner Pracht da, an drei Seiten eingeschlossen von den wehrhaften Mauern, die im Februar 1934 von Heimwehren und Bundesheer mit Artillerie beschossen und verzweifelt von Kämpfern des Schutzbundes verteidigt wurden.

Ein wenig abseits liegt es allerdings, dieses Herzstück Floridsdorfs. Das quirlige Epizentrum des Bezirks, der Floridsdorfer Spitz – an dem der Markt zwischen 1887 und 1926 abgehalten wurde, ehe er aus Platzmangel an den heutigen Standort übersiedelte –, ist zwar zu Fuß über den Pius-Parsch-Platz und die Schleifgasse in keinen fünf Minuten erreicht, doch kein Wegweiser führt von U- und S-Bahn zum dramatisch schön gelegenen Markt, die Menschenströme schieben sich am Zugang zur Spazierroute in Richtung Schlingerhof meist vorbei. Daher ist es heute oft ein wenig zu ruhig auf dem Floridsdorfer Markt, wie man immer wieder hört – Marktstände und Lokale schließen oder kämpfen mit schwindendem Umsatz. Zumindest an Samstagen ist davon wenig zu bemerken: Da ist Bauernmarkt in Floridsdorf, und den wissen eindeutig nicht nur die Bewohner des benachbarten Gemeindebaus zu schätzen.

Mit gutem Grund: Würde ich nicht am anderen Ende der Stadt wohnen, wäre ich zum Beispiel Stammkunde beim Stand der Familie Hofer aus Auersthal, die unter vielem anderen auch längliche Bananenschalotten an- baut. „Die schmecken viel feiner als Zwiebel", erklärt mir Frau Hofer, doch ich bin ohnehin längst über- zeugt – schließlich ist das genau die Sorte, die sich dank ihrer benützerfreund- lichen Form so gut klein schneiden lässt, aber im Supermarkt meist einen weiten Anfahrtsweg aus Frankreich oder Belgien hinter sich hat. Das wirkt  sich nicht immer gut auf die Frische aus – hier hingegen sind sie perfekt. Besonders stattliche Karotten findet man bei den Hofers auch, darunter die weißen, süßen, die bei Kindern so gut ankommen. Eine Spezialität, wie man sie sonst nur beim teuren Italo-Nobelgreißler erhält, hat Bauer Walter Kotrowatz aus Rohrbach bei Mattersburg anzubieten: getrocknete, selbst gesammelte Steinpilze. Neben den Pilzen sowie Äpfeln und Gemüse verkauft er auch Papiernüsse. Die heißen so, weil ihre Schale so fein ist und man sie leichter knacken kann, „mit bloßen Händen", erklärt Herr Kotrowatz und führt mir das gleich vor. Erwähnen sollte man vielleicht, dass seine Hände so aussehen, als ob er das notfalls auch mit Kokosnüssen zusammenbrächte.

Gleich nebenan hat ein Imker einen netten Markennamen gefunden: „Bienen-Stich", doch der ist weniger weit hergeholt, als es den Anschein hat. Der freundliche Imker aus Manharts- brunn heißt tatsächlich Josef Stich. Irgendwie logisch, dass er sich mit zwölf bereits für die Imkerei interessiert hat und noch heute so begeistert von seinem Honig aus dem Wein- und Waldviertel und aus den Donauauen zu schwärmen versteht, dass man ihm einfach zuhören muss. Den Lindenhonig nennt er eine „Aromarakete", die auf der Zunge und am Gaumen entsprechend durchstartet, während man den Waldhonig „mehr kommen lassen" müsse. Zum Süßen empfiehlt er neutraleren Akazienhonig, doch sein Sortiment umfasst noch viel mehr: Zum Beispiel Honig von Frühlingsblüten, Aublüten oder Kornblumen.

Gleich daneben, bei Frau Gföhler aus Lichtenau im Weinviertel, muss man sich etwas anstellen, aber das macht man gern: Elf verschiedene Blechkuchen vom Zwetschkenfleck bis zu einer Art Schokoladengebirge stehen zur Wahl, außerdem Bananenschnitten, Buchteln und andere selbst gebackene Kindheitserinnerungen, herrlich. Nur die zwei Damen vor mir sind nicht ganz zufrieden: Sie hätten gern Vanillekipferl, aber mit Margarine gebacken, und Frau Gföhler verwendet normalerweise nur Butter – kein Problem, den Sonderwunsch erfüllt sie gern, auch wenn ihr persönlich Butter lieber ist. Ähnlich sieht das eine elegante Dame mit weißem Kurzhaarschnitt und flotter schwarzer Lederjacke, die vor allem das Palmöl stört, das Großbäckereien so gern verwenden. Schon

Bei Frau Gföhler

Klaus Steckbauer

ist eine Plauderrunde er-
öffnet, man kennt einander
schließlich und trifft sich
gern auf diesem schönen
Markt, selbst wenn man
sich Sorgen macht: Die
nette Crêperie, die zwei
junge Franzosen vor Kur-
zem aufgemacht haben, ist
schon wieder geschlossen –
die Leute wollen einfach zu
wenig Neues ausprobieren, „zum Verzweifeln" findet das die
Stammkundin.

Einen Hang zum Gewohnten dürfte auch Wirt Klaus
Steckbauer vom Markt-Beisl „Schlingl" unter seinen Kunden
ausgemacht haben. „Hier können Sie noch mit Schilling bezahlen" steht auf einem Schild, offenbar nicht umsonst. Es
gebe wirklich noch alte Menschen im Grätzel, die ihr Erspartes
teilweise in Schilling zuhause gehortet haben und sich freuen,
die noch verwenden zu können, erzählt Herr Steckbauer. In
der Wohnung eines dieser alten Stammkunden könne man
sogar noch die nie zugegipsten Einschusslöcher von 1934 sehen. Doch der „Schlingl"-Wirt ist kein die Vergangenheit
verklärender Nostalgiker, er spricht gern über die Zukunft
und die sieht er positiv: „Die Leute kommen langsam wieder
auf den Geschmack", meint er, und daher müsse man ihnen
als Nahversorger auch Entsprechendes bieten. Das Fleisch für
den duftenden Kümmelbraten, den er gerade aus dem Rohr
nimmt, stammt von einem Bauern, das Brot mit der reschen

Kruste von einem Bäcker seines Vertrauens, von Industrieware will er nichts wissen. Stolz ist er auch auf seine Weine, für manche fährt er selbst nach Frankreich, weil er nur persönlich und nur bei Leuten, die er kennt, einkauft. Erstaunlich, welcher engagierte Wirt hinter diesem vermeintlichen Markt-Tschocherl steht.

Hingebungsvoll werkt ebenfalls der junge Fleischhauer Andreas Traxler vor sich hin, dem man in seinem kleinen Stand ein paar Schritte weiter bei der Arbeit zusehen kann. Er pariert gerade ein Stück Lammfleisch – „Siegersdorfer Lamm, das beste überhaupt!" Ein bisschen Selbstvertrauen kann nicht schaden, und wann hatte ich das letzte Mal Lammnieren? Die Leber ist leider schon weg …

Beim Bummel über den „fixen" Markt ist zwar nicht zu übersehen, dass einige Rollläden definitiv unten sind, wie bei der tatsächlich geschlossenen Crêperie Mirabelle. Doch was man hier nach wie vor an Wild, Fleisch, Geflügel und

Gemüse geboten bekommt, braucht sich vor keiner Konkurrenz zu verstecken, von Peter Neumeister, den ich schon vom Hietzinger Markt kenne, bis zur Fleischerei Wild. Besonders angetan bin ich vom Stand mit den „Marchsteiner Konserven", einem alten Familienbetrieb wie aus dem Bilder-

Familie Marchsteiner

buch, bei dem man unzählige Sorten eingelegtes Gemüse bekommt, darunter auch längst vergessen geglaubte, die ich nur aus Erzählungen meiner Großmutter kenne, saure Rüben zum Beispiel.

Nicht nur dieser in Wien recht einzigartige Stand, der ganze Schlingermarkt ist eine Perle – vielleicht kommen die Floridsdorfer ja wirklich schön langsam wieder drauf.

Florisdorfer Markt: 1210 Wien
Montag bis Freitag 6–19:30 Uhr, Samstag 6–17 Uhr
Bauernmarkt: Freitag und Samstag 7–13 Uhr

Zum Vertiefen

www.peterneumeister.at
www.marchsteiner.at
www.diefleischer.at/1210/traxler-andreas
www.fleischerei-wild.at

22. Donaustadt

Nicht totzukriegen:
der Stadlauer Markt

„Von 1910 bis 2010 befand sich …" kann man noch auf einem zerfetzten Plakat entziffern. Es klebt an einer Bretterpalisade, die das Gebiet des ehemaligen Genochmarktes in Stadlau einzäunt, der genau zu seinem hundertsten Geburtstag abgerissen wurde. Wie er einmal ausgesehen hat, erkennt man ebenfalls noch anhand der sich langsam auflösenden Plakate: wie alle Wiener Märkte mit ihren typischen gemauerten Ständen, dem Obst- und Gemüsehändler, der kleinen Fleischerei, dem Fischgeschäft, der Blumenhandlung, dem Marktbeisl. Vor sieben Jahren war Schluss damit, der Markt am Rand des alten Ortskerns, gegenüber einem Baumarkt an der verkehrsreichen Erzherzog-Karl-Straße gelegen, galt als abgewirtschaftet und chancenlos, ein künstlerisches Zwischennutzungsprojekt funktionierte nur kurz, seither wuchert das Unkraut hinter den Palisaden. Von einem Hotelprojekt ist zu lesen, das sich offenbar zu verzögern scheint, eine Bürgerinitiative fordert indes die Errichtung einer modernen Markthalle auf dem angestammten, nach einem früheren Stadlauer Bürgermeister benannten Areal. Man wird sehen.

Und doch gibt es noch einen Stadlauer Markt, wenn auch keinen fixen: Der Stadlauer Wochenmarkt findet freitags abwechselnd gegenüber dem alten Standort, auf der Piazza Star 22 oder im Stadlauer Park am anderen Ende des Ortszentrums statt. Bei meinem Besuch wird der Markt im Park abgehalten, auf dem Weg vom alten Genochmarkt dorthin zeugen vergilbte Schilder, die „Kolonialwaren" anpreisen, und geschlossene Bäckereien von den Problemen anderer Branchen, hier Kunden zu finden. Im Park treffe ich dann auf alte Bekannte: Es sind größtenteils Anbieter, die ich vom Bauernmarkt im

Marias Käseladen

Fuhrmannhaus kenne, die ihre Wägen heute hier aufgestellt haben. Anders gesagt: Adieu Tristesse, Stadlau hat einen Wochenmarkt, auf den es stolz sein kann. Kaninchenzüchter Gerhold, der nach wie vor an seinem Bierschinken arbeitet, hat nicht nur Kaninchenfilets, -rollbraten und das obligate Kaninchengulasch zum schnellen Aufwärmen dabei, sondern auch Wiesenenten: ein Markenname, der gleich verdeutlichen soll, wie die Tiere gehalten wurden. Die Fleischerei Fischer versorgt gerade ein paar Passanten mit Leberkässemmeln, hat aber noch ganz andere Spezialitäten auf Lager: Wildschwein-, Hirsch- und Rehbraten zum Beispiel, fertig zusammengebunden, die man für den etwas eleganteren Sonntagsbraten nur noch zu Hause ins Rohr schieben muss, oder geselchte Bratwürste, fixfertige Grillspieße und, und, und. Verlockend ist Martina Freunds erstklassiger Gemüse-, Obst- und Fischstand aus Stein, und auch eine Bekannte vom Markt am Roten Berg ist vertreten: Marias Käseladen mit ihren seltenen österreichischen Käsesorten, Brot und Kaspressknödeln.

Sollte sich die Bürgerinitiative mit der Stadlauer Markthalle durchsetzen, käme das natürlich einer Sensation gleich – die Mieter dafür wären jedenfalls schon da.

Stadlauer Bauernmarkt:
Abwechselnd im Stadlauer Park bzw. auf der Piazza Star 22
Freitag 8–13 Uhr

Zum Vertiefen: Marktkalender: www.stadlauerkaufleute.at

Grätzelbelebung mit Tradition

Ein wenig pannonische Schwermut liegt draußen in Aspern, an den Ausläufern des Marchfelds, schon in der Luft,
vor allem, wenn die pralle Sonne so unbarmherzig wie bei
meinem Besuch herunterbrennt. Ein liegender Marmorlöwe
mit zusammengekniffenen Augen erinnert an die bei der
Schlacht – oder beim Scharmützel, je nach Geschichtsschrei-
bung – von Aspern im Mai 1809 gefallenen österreichischen
Soldaten. Das Land ist flach, die Häuser sind geduckt, das
Auffälligste an der „Siegesplatz" genannten breiten Straße,

Wacquantgasse: Imker Andreas Straihammer

die über Essling in Richtung Großenzersdorf führt, sind die vielen Bankomaten.

Doch es gibt auch die Freitage: In einer sonst recht stillen Seitengasse, der nach einem kaiserlichen Feldzeugmeister benannten Wacquantgasse, ist dann Bauernmarkt. Keiner der neuen angesagten Wochenmärkte, die für viele unter Bobo-Generalverdacht stehen, sondern eine seit fünfundzwanzig Jahren bestehende Institution, die freilich aus den gleichen Gründen ins Leben gerufen wurde wie die Neo-Märkte. Die Gegend sollte belebter werden, und nichts bringt so viel Leben in eine Gasse wie ein Markt.

Die Kunden wissen es zu schätzen, wie man an diesem heißen Spätsommertag bemerken kann: Zwanzig Leute warten geduldig vor dem Wagen der Fleischhauer Renate und Leopold Wittmann aus Simonsfeld. Nicht, weil man dort Pulled-Pork-Burger oder Pastrami-Sandwiches bekommt, für die man sich in Wien neuerdings gern anstellt, sondern wegen der Blutwurst, der Leberwurst, dem geräucherten Speck und dem ganz normalen Rind- und Schweinefleisch, das hier wohl besonders gut sein muss – derart friedlich sich anstellende Menschen sieht man in Wien schließlich selten. Gleich daneben kann man auch Fleisch kaufen, allerdings „nur" von der Pute – was vielfältiger aussieht, als es zunächst klingt. Neben knusprig gebratenen Oberkeulen und diversen Putenstücken zum Selberbraten gibt es bei „Wolframs frischen Puten" auch Puten-Käsekrainer, Puten-Grammeln, Puten-Frankfurter, -Leberkäse und -Rauchwurst sowie luftgetrocknete Putenbrust. Seit 1990 züchtet die Familie Wolfram die Tiere, teilweise in Freilandhaltung. Das Futter stammt ausschließlich vom eigenen Ackerbau, geschlachtet und verarbeitet wird am Hof – so lässt man sich die ein wenig in Verruf geratenen Puten dann doch wieder gern schmecken.

Neben Rubini Ricardos Käsestand, bei dem man zwischen Gouda-Laiben in unterschiedlichen Reifegraden, altem Schaf- und geräuchertem Ziegenkäse auswählen kann, erklärt Herr

Gärtnerei Osrael

Buxbaum, der ein beeindruckendes Sortiment von verschiedenen Schnäpsen dabei hat, einem Kunden gerade den Unterschied zwischen Geist, Brand und Schnaps. Um Flüssiges geht
es auch zwei Stände weiter: Die Winzerfamilie Weinwurm aus
Dobermannsdorf verkauft hier Wein, Sturm, Trauben und
Mehlspeisen. „Ich bin die Mutter", antwortet mir eine freund-
lich-resolute Dame, als ich sie frage, ob sie die Frau Weinwurm
ist. Und der Satz trifft es relativ genau: Mutter Weinwurm steht
am Anfang dieses Marktes, sie ist eine seiner Gründerinnen.
Zum Reden kommt sie nur kurz zwischen den vielen Kunden
und Stammkunden, die ihre Bestellung meist kistenweise abho-
len kommen. Sie erzählt von der Geschichte Dobermannsdorfs,
von wo aus das Erdöl zum Bezahlen der Reparationen nach dem
Zweiten Weltkrieg von Österreich per Bahn in die Sowjetunion
geschickt wurde, und von der bevorstehenden Weinlese und
den vielen Schnitzeln, die sie dann für die Erntehelfer backen
muss, immerhin hilft ihr der Mann beim Schälen der Erdäpfel
für den Salat dazu. Klingt nach einer verlockenden Arbeit.

Wein gibt es auch nebenan, allerdings wird er nicht aus Trauben, sondern aus Honig gemacht: Andreas Straihammer ist Imker in dritter Generation, verkauft Met und Wachskerzen, aber vor allem natürlich Honig in allen Geschmacksrichtungen. Bei der Gärtnerei Osrael aus Großengersdorf gebe ich dann schließlich meinen Vorsatz auf, mich vor dem Heimweg quer durch die Stadt nicht allzu schwer zu beladen: Er hat nicht nur die ganze Bandbreite an Obst und Gemüse mitgebracht, wie sie nur der Spätsommer bietet, sondern auch hausgemachten Apfelcidre. In kleinen Flaschen.

Wochenmarkt in der Wacquantgasse: 1210 Wien
Freitag 13–19 Uhr

Zum Vertiefen
www.putenhof.at
www.weinwurms.at

Pioniermarkt auf der Stadtbaustelle

Die Seestadt ist zwar noch in Bau, verfügt aber bereits nicht nur über eine U-Bahn, sondern auch über einen Wochenmarkt: Ein paar mutige Standler treffen sich immer freitags auf dem Hannah-Arendt-Platz.

Passend zu ihrer Rolle als Pioniere sind es interessante, eigenwillige Produzenten, die man hier findet. Den Imker Harald Manninger zum Beispiel, der hauptberuflich Kfz-Techniker ist, sich im Nebenerwerb aber um hundert Bienenvölker und eine dreizehn Hektar große Obstwirtschaft kümmert, wenn er nicht gerade drechselt oder Möbel aus alten Brettern baut, die bei Umbauarbeiten am eigenen Hof gelegentlich anfallen.

Bei so vielen Beschäftigungen kommt einiges an Verkaufbarem zusammen: In erster Linie natürlich Honig, Klassiker wie Wald-, Lindenblüten- oder Akazienhonig, Eigenkreationen wie mit Haselnussmus verfeinerter Honig oder auch, passend zur bald hereinbrechenden kalten Jahreszeit, Lippenschutz aus Honig, Bienenwachs, Olivenöl und Propolis, nach einer selbst erfundenen Rezeptur und einigen Experimenten hergestellt. Kernöl hat Manninger dabei, auch Essige aus Eigen-

Harald Manninger

226

produktion, etwa einen reinen Gärungsessig aus schwarzen Ribiseln oder Apfelessig mit Akazienhonig. Stolz ist er auf seine Apfelradeln, die er einmal als Notlösung angesichts des überschüssigen Obstes in kleinerer Menge produziert hat und die seither immer stärker nachgefragt werden. Die Honig-Wärmekammer dient im Herbst nun auch zum Trocknen der Äpfel – auch hier musste er einige Zeit experimentieren, bis er es schaffte, knusprige Apfelchips zu produzieren, die nicht „letschert" werden. Der Nebenerwerbs-Tausendsassa ist ein ansteckend inspirierender Mensch, bei dem man sich nur fragt, wann er eigentlich Zeit für seinen Beruf hat.

Auch Fleisch gibt es auf dem Wochenmarkt, und nicht irgendeines: Johann Pirchner vom Gut Unterhaid in Rauris verkauft Pinzgauer Rind, das er „k. u. k.-Rind" nennt. „Die schönen dunkelbraunen Tiere mit dem markanten weißen Rücken waren die beliebteste Rinderrasse der alten Monarchie und sind noch heute in den meisten Nachfolgestaaten der Donaumonarchie zu finden", erzählt er. Und natürlich im Pinzgau, wo sie herkommen. Sulmtaler Hühner hat er zusätzlich mit, dazu Würste, Speck und Gemüse. Speck verkauft auch ein weiterer alter Bekannter nebenan, der Schweinebaron aus Griffen, neben vielen anderen Kärntner Spezialitäten von der Kabanossi bis zur Doppelrauchdürren. Außer Kärnten, der Steiermark und Salzburg ist noch das Burgenland auf dem Seestädter Markt vertreten, und zwar mit Josef Thüringer aus dem Seewinkel, der sich offenbar auf besonders großes Gemüse spezialisiert hat: Riesige Karotten, riesige Äpfel und riesige Sellerieknollen fallen mir auf, es gibt noch allerhand anderes Obst und Gemüse, durch die Bank beeindruckend groß. Auf Vorbestellung bekommt man Fleisch von großen Tieren, Wasserbüffel und Graurind vom Nachbarn, im Ganzen oder als Burger-Laberl, ganz nach Wunsch. Große Fische wie Welse oder Karpfen nimmt Thüringer auch gern mit, sie kommen aus Györ, und ich bin überzeugt, dass auch die Forellen dort nicht klein sind. Honig, Mehl oder Reis gewünscht? Es gibt kaum etwas, das Josef Thüringer nicht mithat oder jederzeit auftreiben kann, er ist offenbar ein wichtiger Knotenpunkt eines burgenländisch-ungarischen Netzwerkes von Freunden und Familienmitgliedern, die teils biologische, teils konventionelle Lebensmittel vertreiben und produzieren. „Eigentlich bin ich ja Schneckenzüchter", erzählt er. Ich stelle mir die Seewinkler Schnecken recht beeindruckend vor. Um die Nahversorgung der Seestädter muss man sich jedenfalls keine Sorgen machen. Jetzt müssen sie nur noch kommen.

Seestädter Wochenmarkt: Hannah-Arendt-Platz
Freitag 10–19 Uhr

Zum Vertiefen
www.honiggenuss.at

Bauernmarkt in der Gärtnerei

Die Donaustadt hat sogar noch einen Bauernmarkt, er findet meist samstags in der Gärtnerei Ganger statt. Als einzigen der in diesem Buch beschriebenen Märkte konnte ich ihn nicht besuchen: Die Winterpause kam mir zuvor. An vier Ständen kann man dort Produkte aus Schafmilch kaufen, Fleisch vom Hochlandrind und vom Freilandschwein, Weine und Säfte sowie Milchprodukte aus Wilhelmsburg, so die telefonische Auskunft. Sollte man ausprobieren!

Gärtnerei Ganger:
Aspernstraße 15–21, 1220 Wien

Zum Vertiefen
Marktkalender: www.gaertnerei-ganger.at

23. Liesing

Fröhlich scheitern in Liesing

„Irgendwas geht immer schief", erklärt mir Franz Binder den Unterschied zwischen konventioneller und Bio-Land-wirtschaft und strahlt dabei übers ganze Gesicht. Das macht er zwar ohnehin meistens, heute aber noch mehr als sonst: Er feiert Geburtstag, zwanzig Jahre „Biohof Binder". Das Fest geht stilecht mit Musik und Kürbis-Gewinnspiel auf dem Liesinger Markt über die Bühne, auf dem er seit über zehn Jahren zu den fixen Anbietern zählt – und sehr viel länger existiert der schöne Markt auf dem etwas seltsam gestalteten, verkehrsumtosten Platz neben dem prachtvollen Liesinger Rathaus gar nicht. Als Mitte der 1990er-Jahre die erste große Bio-Welle über Österreich rollte, waren Franz Binder und seine Frau schon längst davon überzeugt, dass der biologischen Landwirtschaft die Zukunft gehören würde. Sie nutzten die Gunst der Stunde und setzten den Traum vom eigenen Bio-Bauernhof in die Tat um. Eine

Franz Binder & Team

letzte Kuh behielten sie noch ein paar Jahre, doch mit den restlichen Milchkühen, den großen Sonnenblumen- und Getreidefeldern war es vorbei. Die großen Monokulturen haben einer bemerkenswerten Vielfalt Platz gemacht: Lee und Franz Binder bauen Dutzende Kräutersorten von der Apfelminze bis zum Muskatellersalbei an, verschiedene Chilis und Kürbisse, violette Fisolen, Purple-Haze- und Ochsenherz-Karotten, asiatische Salate, grünen und violetten Grünkohl bis zu ganz „normalem" Obst und Gemüse wie Brokkoli oder Karfiol, Äpfel und Birnen, nicht zu vergessen die besonders aromatischen rot gesprenkelten Ringlotten, wenn gerade Saison ist. Dazu kommen noch selbst gemachte Säfte sowie Dinkelbrot und -mehlspeisen – „die Leidenschaft meiner Frau", erklärt Franz Binder, dem es mit seinem herausstechend bunten Sortiment gar nicht ums Auffallen oder um einen Marketing-Gag geht: „Ich verkaufe Dinge dann, wenn sie gut schmecken. Mir sagen das auch oft die Kunden, dass diese oder jene Sorte so gut ist. So kommt das Sortiment zustande."

Immer in Bewegung bleiben und immer dazulernen, das gehört zu den Prinzipien des Biohofes. Auch nach zwanzig Jahren sagt Franz Binder: „Ich bin noch immer in der Lehrzeit." Jedes Jahr verlaufe anders, jedes Mal gebe es neue Herausforderungen, auch neue Pilze oder Schädlinge – und keine chemische Notlösung.

Der überzeugte Bio-Bauer engagiert sich über den Hof hinaus für seine Sache. Er war Initiator des samstäglichen Bio-Ecks am Naschmarkt, das gegen sehr viel Gegenwind der etablierten Standler durchgesetzt werden musste. Ganz zufrieden ist er nach wie vor nicht damit, wie es dort läuft – da wäre wohl viel mehr drin, glaubt er. Hier in Liesing hingegen steht ein engagierter Verein hinter dem Markt, „da funktioniert alles super", erklärt der Bio-Pionier.

Jäger Käse

Davon überzeuge ich mich, während das Team des Biohofs gerade mit einem gewaltigen Stangenkürbis zum Foto-Shooting fürs Geburtstagsalbum gebeten wird. Gleich gegenüber steht der Wagen von Udo Jäger mit einer reichhaltigen Käseauswahl, die zum Großteil aus dem Bregenzerwald kommt, vom Münster bis zum kleinen Ziegenweichkäse namens „Chevrette". Frische Butter, Alp- und Sennkäse verkaufen die heute von der Binder'schen Geburtstagsmusik schon etwas ermüdeten Käsehändler, genauso wie ausgewählte Käse aus anderen Ländern, gut gereiften Ziegengouda zum Beispiel. Stolz präsentiert nebenan Fleischermeister Meiringer die Goldmedaillen, die ihm anlässlich einer Blutwurst-Weltmeisterschaft in Frankreich verliehen wurden, auch das restliche Angebot des Burgenländer Fleischhauers sieht preisverdächtig aus. „Richard's Fische" kann mit Süß- und Meerwasserbewohnern vom Wels bis zum Heilbutt aufwarten, der Beerenhof Brettner mit feinen Marmeladen und Säften, derzeit auch mit Himbeersturm. Zwei Bauernläden sind vertreten, Naturkosmetik aus Bio-Kokosöl, ungarische Delikatessen, Honig, Wein von Winzer Spiegelhofer aus dem nahen Perchtoldsdorf. Mich zieht es zurück zum Biohof Binder, wo ich mich dann erst wieder nicht zwischen den verschiedenen Apfelsorten entscheiden kann. Arlette vielleicht? Wir setzen das Gespräch über die Schwierigkeiten und die schönen Momente des Biobauern- und des Marktlebens fort: „Ich gebe viel, aber ich bekomme auch viel zurück", erklärt Franz Binder seine anhaltend gute Laune, selbst wenn die Karfiolernte heuer wegen eines Pilzes schlecht ausgefallen ist. „Darum geht es mir: Ich arbeite hart, aber nicht unbedingt, um reich zu werden, sondern weil ich glücklich sein will." Sagt er, strahlt und man merkt: Da hat jemand seinen Weg gefunden.

Liesinger Markt: Liesinger Platz, 1230 Wien
Freitag 8–17 Uhr

Zum Vertiefen

www.liesingermarkt.at
www.bio-hof.at
www.jaegers.at
www.richardsfische.at
www.beerenhof.at
www.meiringer.at

Wo Norddeutschland auf die Südsteiermark trifft: Mauer

„Haben Sie Kassler?" – Frau Bscheider lächelt bedauernd, doch zum Antworten kommt sie nicht. „Kassler, wissen Sie, was ich meine? Gepökelter Schweinenacken, aber nicht so stark geräuchert wie das Geselchte? Kennen Sie das, Kassler mit Grünkohl? Och, das ist so lecker … haben Sie nicht, oder?" Leider, die vor Sehnsucht nach diesem Gericht aus ihrer Heimat ganz aufgewühlte Frau aus Norddeutschland merkt schon, während sie sich immer lauter in Fahrt redet, dass sie wohl unverrichteter Dinge nach Hause wird gehen müssen. Sie dreht sich zu mir um und erklärt nun mir, wie gut das alles schmeckt, am besten gemeinsam mit Kohlwurst gedünstet – „Ach, das kennen Sie auch wieder nicht!" Irrtum! Frau Bscheider, die nun, da ich zum Ziel der amüsanten Schwärmerei geworden bin, zu Wort kommt, sagt: „Das kriegen wir schon hin – Schopf gepökelt und nur schwach geräuchert. Nächste Woche, passt das?" Und da ist die eloquente

Frau aus dem Norden, die offenbar Stammkundin ist auf dem Maurer Wochenmarkt, tatsächlich einmal kurz sprachlos. Ich lasse mir, bevor ich an die Reihe komme, noch ihr Kassler-Rezept erklären, wozu geht man schließlich auf den Markt? Es ist gar nicht schwer: Einfach alle Zutaten im gleichen Topf garen lassen. Sie empfiehlt Dosen-Grünkohl, den Grünkohl zuvor selbst klein zu schneiden und zu blanchieren, ist sicher auch nicht verkehrt.

Kassler gehört wahrscheinlich zu den wenigen Dingen, die man beim Stand der südsteirischen Fleischerei nicht bekommt, die mit Raritäten wie Wollschwein-Verhackertem, diversen Wurstsorten, Hühnerteilen aus dem Sulmtal, Kärntner Kas- oder Kletzennudeln, Bauernbrot, Eiern, Kernöl, Honig und natürlich Fleisch in Hülle und Fülle aufwarten kann. Und, was mir bei meinen bisherigen Begegnungen mit dem auf den Wiener Märkten recht gut vertretenen Selbstvermarkter noch nicht aufgefallen ist: mit Breinwürsten. Nie gehört: „Hirse und Getreide ist da im Wurstbrät drin, eine steirische Spezia- lität", erklärt mir die Chefin, die jede Woche auf dem Maurer Hauptplatz steht – die norddeutsche Kundin von vorhin würde die Wurst aus dem Südosten womöglich Pinkel nennen, wenn ich die Zutaten für diese ebenfalls sehr spezielle Wurstsorte noch richtig in Erinnerung habe. Aber die gesellige und etwas heimwehkranke Frau ist nun schon weg und freut sich auf ihr Kassler Fleisch, das es nächste Woche geben wird.

Neben der Steiermark liegt Kärnten, das ist auch auf dem Maurer Hauptplatz so: Der Schweinebaron hat seinen Stand gleich gegenüber. Ein Käsehändler verkauft Vorarlberger und holländischen Hartkäse, ein Obst- und Gemüsehändler mit reichhaltigem Angebot macht den kleinen, aber schönen Markt erst komplett, auf dem nur das Kassler fehlt. Noch.

Wochenmarkt: Maurer Hauptplatz, 1230 Wien
Freitag 8–17 Uhr

Der Markt als Utopie

Ein Besuch bei „Milchbart"-Gründer Christian Chvosta

Ausprobiert hat Christian Chvosta schon einiges: Nach Matura und Fotografie-Ausbildung an der Grafischen ging er bei den „Drei Husaren" in die Lehre und sammelte erste Berufserfahrung in der Spitzengastronomie. Danach verbrachte er drei Jahre als Fotograf an Bord von Luxuslinern, scheiterte mit einem eigenen Lokal, studierte Internationale Entwicklung. Als er vor ein paar Jahren von einem frei werdenden Stand auf dem Meidlinger Markt erfuhr und dort bei einem Spaziergang die vielen heruntergelassenen Rollbalken sah, fand er: „Das ist eine Wüste. Genau das taugt mir." Er kaufte die ehemalige Kebap-Bude um einen Pappenstiel.

Heute ist er als „Milchbart" stadtbekannt, und wenn jemand von der Renaissance der Wiener Märkte spricht, dauert es nicht lang, bis die Rede auf ihn kommt. Märkte sind für den Milchbart-Chef Orte der unbegrenzten Möglichkeiten, an denen jeder sein Glück versuchen kann: „Fahr einfach einmal um drei in der Früh auf den Großmarkt und kauf dort das, was dir wirklich taugt. Dann siehst du weiter." Nicht umsonst ziehen Märkte seit jeher Menschen an, die für eine Idee brennen und auf der Suche nach einem Ort sind, um sie in die Tat umsetzen zu können. Ums große Geld dürfe es einem dabei halt nicht gehen, meint Chvosta. Ums große Ganze dagegen schon: „Wenn du dich selbst veränderst, veränderst du deine Umgebung." ist ein Motto, das ihn seit vielen Jahren nicht loslässt.

Seine Geschichte beweist, dass an dem alten Spruch einiges dran ist: Als Christian sein winziges, gemütlich mit Vintage-Möbeln eingerichtetes Lokal aufsperrte, in dem er täglich ein frisches Menü aus Markt-Zutaten kocht, brachte er unvermutet eine Lawine ins Rollen. Der neue Marktstand wurde zum

Treffpunkt, der dem Grätzel zuvor gefehlt hatte. „Plötzlich wollten alle etwas machen und haben Konzepte für den ganzen Bezirk und darüber hinaus entwickelt", beschreibt Christian die plötzlich entstandene Dynamik. Die heute noch aktive Plattform „wirsind12.at", die in Meidling für zahlreiche Kulturprojekte und Bottom-up-Bürgerbeteiligung sorgt, entstand spontan kurz nach der Eröffnung im

Christian Chvosta

Milchbart – „Planen kannst du so was aber nicht." Ein leer stehender Marktstand nach dem anderen wurde übernommen, renoviert und neu eröffnet, der Markt rückte vom Rand zurück ins Zentrum Meidlings.

Es genügt allerdings nicht, zur richtigen Zeit mit der richtigen Idee am richtigen Ort zu sein. Der vermeintliche Selbstläufer musste hart erkämpft werden: „Ich habe zwei Jahre nur dafür gearbeitet, irgendwie die vielen Strafen bezahlen zu können", erzählt Chvosta. Das Marktamt war alles andere als einverstanden mit dem Neuzugang. Das ehemalige Kebap-Standl hatte keine Gastronomie-Konzession. Im neuen Milchbart werde zu wenig verkauft und zu viel gekocht, befand der Amtsschimmel und gab sich bissig. Als es Strafen zu hageln begann, sammelten Chvostas Gäste Geld, um „ihr" Lokal zu retten. „Ohne diesen Rückhalt hätte ich das nie überlebt", erinnert sich der heute so entspannt wirkende Milchbart-Chef bei einer Zigarettenpause vor seinem Stand an die Zeit, in der er oft verzweifelt in seinem mit viel persönlichem Einsatz renovierten Marktstand saß und nicht wusste, wie es weitergehen soll. Als dann auch noch ein Räumungsbescheid einlangte, wollte er das Handtuch werfen. Hilfe kam von unerwarteter Seite: Die Bezirksvorstehung hatte erkannt, wie wichtig das Lokal nicht nur für den Markt, sondern für den ganzen Bezirk geworden war. Sie sorgte dafür, dass die Gastro-Genehmigung eines seit Langem leer stehenden Marktstands auf den „Milchbart" übertragen wurde – so einfach kann es gehen, wenn der Wille da ist.

Heute ist Christian Chvosta die Sorgen mit der Bürokratie los und kann wieder das tun, was er von Anfang an vorhatte: „Ich will meine eigene Utopie leben. " Er bringt damit eine Stimmung auf den Punkt, die man auf vielen Wiener Märkten spürt: Milchbart gibt es natürlich nur einen – Menschen, die ihr ganz eigenes Ding machen wollen und damit weit über den eigenen Stand hinaus für positive Veränderungen sorgen, habe ich auf meinem langen Wiener Marktbummel hingegen viele getroffen. Aus einem kulinarischen Spaziergang ist dadurch auch eine aufregende urbane Entdeckungsreise geworden. Die Wiener Märkte sind nicht nur die Feinkostabteilung der Stadt, sie sind auch Versuchslabore für Privatutopisten oder „Kristallisationspunkte, an denen immer etwas Neues entstehen kann", wie Christian formuliert. Ein tröstlicher Gedanke, der auch am Ende dieses so vielfältigen und ertragreichen Rundgangs keine Abschiedsstimmung aufkommen lässt: Fertig ist man mit den Märkten so gesehen nämlich nie.